Für den GrünerSinn-Verlag ist Nachhaltigkeit ein wichtiger Maßstab seines Handelns. Deshalb achten wir auch bei der Herstellung ganz besonders auf umweltgerechte, ressourcenschonende und schadstofffreie Produktionsweisen und Materialien. So wird holzfreies Papier verwendet und für die Druckproduktion werden nur erneuerbare Energien und reine Pflanzenölfarben verwendet.

Idee, Konzept & Layout: Katja Möller, Veganliebe | www.veganliebe.de

Grafiken: Designed by vvstudio, starline / Freepik

Coverfoto: © nadianb / Fotolia

Herstellung: Christian Dolezal, Grasl FairPrint | www.grasl.eu

ISBN: 978-3946625-25-4

1. Auflage 2018, GrünerSinn-Verlag

www.veganverlag.de

Ein Projekt von:

KATJA MÖLLER
VEGANLIEBE.DE

Weihnachten wird ein besonderes Fest!

Weihnachten – das ist die Zeit für Besinnung und Liebe. Draußen ist es kalt, der erste Schnee fällt und ein Duft von Zimt liegt in der Luft. Und damit du die Zeit mit Familie und Freunden auch so richtig genießen kannst, haben wir gemeinsam mit unseren liebsten Foodbloggern sowie ausgewählten Gästen dieses Buch mit 53 wunderbaren veganen Weihnachtsrezepten für dich erstellt.

Abseits der traditionellen Gerichte zum Fest der Liebe wollen wir dir zeigen, dass man auch ohne tierische Produkte genussvoll kochen, schlemmen und feiern kann.

Überrasche deine Liebsten mit tollen Menüs am Weihnachtsabend, veganen Lebkuchen, leckeren Suppen und vielem mehr. Lass uns gemeinsam dieses Weihnachtsfest zu einem besonderen machen!

Ich danke all den wundervollen Autoren, die dieses Buch überhaupt erst möglich gemacht haben. Besonders freue ich mich über unsere Gastautoren Björn Moschinski, Katharina Kuhlmann, Lea Green, Sophia Hoffmann und Timo Franke, die in diesem Jahr trotz zahlreicher eigener Projekte Zeit gefunden haben, Teil des Buches zu sein. Ich danke Karo vom Grüner-Sinn-Verlag für die tolle Unterstützung beim Publizieren. Vielen Dank an Peffe, der Veganizer, für den großartigen Support bei der Akquise. Und ein besonderes Dankeschön geht an alle Fans, Unterstützer, meine Eltern, Familie und Freunde und natürlich an meinen Freund Tony, der mir so viel Kraft und Inspiration schenkt.

Jetzt aber: Viel Spaß beim Kochen und frohe Weihnachten!

Katja

Danke!

BJÖRN MOSCHINSKI
BJOERNMOSCHINSKI.DE

ULRIKE ATZMÜLLER-ZEILINGER
COOKIESANDSTYLE.AT

DANIELA HUBAUER
CUTIEKULLA.COM

CORINNA SCHOBER
DELICIOUSLYVEGGIE.COM

JULIA HUPEL
DERVEGISTDASZIEL.DE

PEFFE STAHL
DER-VEGANIZER.DE

DANIELA BARTHEL
GLUECKSGENUSS.DE

DENIZ KILIC
HEALTHYONGREEN.DE

MANFRED ZIMMER
HERRGRUENKOCHT.DE

JENS HERRNDORFF
ICHBINJETZTVEGAN.DE

LISA ALBRECHT
ICHLEBEGRUEN.DE

TANJA HAUSER
IHANA.EU

SOFIA KONSTANTINIDOU
ISSHAPPY.DE

KATHARINA KUHLMANN
KATHARINA-KUHLMANN.COM

MIRIAM SÜTTERLIN
KINDOFVEGAN.DE

ANNE PÖLL
MANGOLDMUSKAT.DE

ROXANNE LEISSRING
MONZENZINE.DE

JANA NÖRENBERG
NOM-NOMS.DE

CLARISSA JUSE
PARADIESFUTTER.DE

RAMONA HÜBNER
PASSIONANDFRUITS.DE

STEPHANIE REINICKE
PLANTIFULSKIES.COM

SIMON FERBER & ALINA SIELAFF
PURELIMON.DE

ALEXANDRA SKIRDE
RAWANDSEXY.DE

SEBASTIAN SCHWARZ & TAMARA MÜNSTER-MANN-PIETA
SIMPLY-VEGAN.ORG

SOPHIA HOFFMANN
SOPHIAHOFFMANN.COM

ELENA & CHAROLINE BAUER
THE-EC-WAY.DE

TIMO FRANKE
TIMO-FRANKE.COM

LEA GREEN
VEGGI.ES

DIRK KINDERKE & RUTH FRANZEN
WELOVEITVEGAN.COM

SABINE KUGLER
WOSZUMESSN.
BLOGSPOT.COM

PATRICK DAMM & ANNA KNETSCH
ZEITFUERVEGAN.DE

Inhalt

Vorspeisen, Suppen & Hauptgerichte

Menü 1

Menü 2

Menü 3

Menü 4

Menü 5

Menü 6

Menü 7

Ein Vorwort von:

JENS HERRNDORFF
ICHBINJETZTVEGAN.DE

Spread some love, verdammt!

Immer wenn ich über das Weihnachtsfest schreibe, komme ich mir ziemlich pastoral vor. So „Wort am Sonntag"-mäßig – in schwarzem Talar an meinem Rechner sitzend und an der Predigt an euch, meine veganen Schafe, feilend.

Nun denn, höret, was ich zu verkünden habe!

„Liebe Gemeinde, „It's the most wonderful time of the year", wie ihr wisst!

Mit jeder Menge Gedöns und Klimbim – lauter Tüddelkram, wie wir hier im schönen, nasskalten Norden sagen, den eh keiner braucht.

Eigentlich geht's doch um etwas ganz anderes: Dieses leicht kitschige und verschämt benutzte L-Wort – wie lautete es noch gleich?

Liebe! Ja, genau, Weihnachten – das Fest der Liebe!

Nur leider sind viele von uns mit einem fetten Braten auf dem Tisch an diesem Festtag ganz fix auf der falschen Fährte! Voller Liebe ein Stück totes Tier in sich hineinzustopfen geht irgendwie nicht so richtig. Zudem hätte man dem kleinen Jesus auch schnell mal die Hälfte seiner Stallbesatzung weggeknuspert. Nicht gerade die feine weihnachtliche Art! Es hat schon seinen Grund, warum Esel, Rind und Lamm quicklebendig in der Krippe rumstehen und nicht in ihre Einzelteile zerlegt im Ofen schmoren.

So weit ich mich erinnere, hat auch keiner der Drei Weisen(!) aus dem Morgenland ein schickes Schnitzel oder eine schnieke Wurst als Geschenk mitgebracht, sondern stattdessen Myrrhe, Gold und Weihrauch – vielleicht nicht ganz kindgerecht, aber immerhin alles vegan. Hat nur einen Nachteil: Ein leckeres Weihnachtsgericht lässt sich daraus leider nicht zaubern …

… aber dafür habt ihr ja jetzt die großartigen Rezepte in diesem Buch an der Hand. Damit ist es ganz einfach und extrem lecker, sehr sehr viel Liebe zu verbreiten. Denn wie heißt es so schön: „Liebe geht durch den Magen" – und das am besten in Form von Gemüse, Obst, Tofu und anderen pflanzlichen Köstlichkeiten.

Also, ran an den Herd und spread some love, verdammt, denn it's christmas time!"

In Liebe
Jens

REZEPT LIEBLINGE

X-MAS EDITION

Ein Rezept von:

ULRIKE ATZMÜLLER-ZEILINGER

COOKIESANDSTYLE.AT

Asia Krautfleckerl

ZUTATEN

- 200 g Fleckerl bzw. Bandnudeln (in Stücke gebrochen)
- 1 rote Zwiebel
- 1/2 Kopf Kraut oder Spitzkraut
- 1 kleine Bio-Zitrone
- 1/2 Bund Petersilie
- 1 EL Olivenöl
- 1/4 Hokkaidokürbis
- 1 kleines Stück Ingwer
- 1/2 TL Kurkumapulver, Paprikapulver und Kümmel
- 1 EL Kokosblütenzucker
- 2 – 3 EL Reisessig
- 1 TL Sojasoße

1. Die Zwiebel in Ringe schneiden und im Olivenöl in einer Pfanne glasig anbraten. Inzwischen das Kraut in feine Streifen schneiden. Ebenso den Hokkaidokürbis in kleine Würfel oder Streifen schneiden. Beides nacheinander zu den Zwiebeln geben und mitbraten.
2. Wasser aufstellen und die Nudeln/Fleckerl nach Packungsanleitung zubereiten.
3. Den Kokosblütenzucker über das Kraut streuen und leicht karamellisieren lassen. Dann den Ingwer darüber reiben und mit Reisessig ablöschen.
4. Sojasoße und Gewürze zugeben. Inzwischen sollten die Teigwaren fertig sein, diese nun abschütten und zum Kraut in die Pfanne geben. Kurz mitbraten und mit frischer Petersilie garnieren.

„TYPISCH ÖSTERREICHISCHE KÜCHE MEETS CHOP STICKS – TRADITIONELLE KRAUTFLECKERL MIT EINEM HAUCH ASIA FLAIR, EINE WUNDERBAR SCHMACKHAFTE ABWECHSLUNG."

Ein Rezept von:

MANFRED ZIMMER
HERRGRUENKOCHT.DE

Tagliatelle Boschetto mit frittiertem Knoblauch und Chilistücken

ZUTATEN FÜR 2 KLEINE PORTIONEN

Zutaten für die Tagliatelle

- 6 halbe Walnüsse
- 20 g frische Blattpetersilie
- 1 EL Öl
- Salz
- Schwarzer frisch gemahlener Pfeffer
- 100 g Mehl (405)
- 100 g Hartweizengrieß
- Ca. 60 bis 80 ml Wasser

Zutaten für die Soße

- 6 EL Olivenöl
- ½ getrocknete Chilischote (oder mehr – je nach Schärfebedürfnis)

- 6 Knoblauchzehen
- 1 gute Handvoll Blattpetersilie
- Salz
- Schwarzer frisch gemahlener Pfeffer

1 Zubereitung Tagliatelle
Die Walnüsse mahlen und zusammen mit 1 EL Olivenöl und der Petersilie fein pürieren. Mit Salz und Pfeffer abschmecken.

2 Das Mehl, den Hartweizengrieß und zuerst nur 50 ml Wasser zusammen in eine Schüssel geben und gut vermischen. Nun die Walnuss-Petersilien-Mischung dazugeben und alles gut vermischen. Nun die Teigkonsistenz prüfen. Es sollte eine knetartige Masse entstehen. Noch ein wenig Wasser dazugeben, bis das erreicht ist.

3 Ist der Teig zu trocken, noch etwas Wasser, ist er zu feucht noch etwas Mehl dazugeben. Wie erwähnt, der Teig sollte eine schöne knetartige Masse ergeben.

4 Den Teigkloß in Folie einwickeln und für mindestens 30 Minuten in den Kühlschrank legen.

5 Zubereitung Soße
Die Knoblauchzehen längsseitig in dünne (nicht zu dünne) Scheibchen schneiden. Petersilie und Chilischote grob hacken. Das Öl in der Pfanne erhitzen. Die Knoblauchscheibchen und die gehackte Chilischote dazugeben. So lange frittieren, bis die Knoblauchscheiben etwas braun sind. Dann die Petersilie dazugeben und kurz auch frittieren. Etwas abkühlen lassen. Dann mit Salz und Pfeffer abschmecken und zur Seite stellen.

6 Fertigstellung der Tagliatelle
Ausreichend gesalzenes Kochwasser für die Nudeln bereitstellen. Das Kochwasser sollte nur leicht sprudeln.

7 Den Teig, möglichst dünn, auf einer bemehlten Fläche auswalken und mit einem Nudelrad oder einem Messer in circa 1 cm breite Streifen schneiden und diese auf eine bemehlte Fläche oder Backpapier legen.

8 Die Teigstreifen circa 3 bis 5 Minuten kochen. Zwischendurch mal einen Nudelstreifen testen.

9 Finish
Die Nudeln in eine Siebschüssel geben. Die Soße kurz erhitzen. Die Tagliatelle auf die Teller verteilen und die Soße darüber geben.

Viel Spaß mit den Tagliatelle Boschetto
... und viele Grüße aus dem Kochlabor

Herr Grün

“ DIESES REZEPT IST FÜR EINE KLEINE VOR- ODER ABENDSPEISE GEDACHT. ”

Ein Rezept von:

LISA ALBRECHT

ICHLEBEGRUEN.DE

Kürbis-Linsen-Suppe

ZUTATEN FÜR 4 PERSONEN

- **100 g Zwiebeln**
- **1 Knoblauchzehe**
- **200 g rote Linsen**
- **400 g Kürbis**
- **250 g Kartoffeln (geschält)**
- **2 EL Rapsöl**
- **Etwas Meersalz**
- **200 g Hörnchen, glutenfrei**
- **1 Liter Wasser (gefiltert)**
- **Etwas Leinöl**
- **Etwas Leinsamen**

1 100 g Zwiebeln würfeln und in 2 EL Rapsöl in einem großen Topf anbraten. 1 Knoblauchzehe würfeln und zu den Zwiebeln dazugeben. 400 g Kürbis und 250 g Kartoffeln (geschält) würfeln und ebenso im Topf mit den anderen Zutaten kurz anbraten. 200 g rote Linsen waschen und dazufügen. Das Ganze mit 1 Liter Wasser und etwas Meersalz aufkochen, ca. 20 Minuten köcheln lassen. Wenn alle Zutaten weich sind, kann die Suppe mit einem Pürierstab cremig püriert werden.

2 In einem zweiten, kleineren Topf Wasser zum Kochen bringen. 200 g Hörnchen (glutenfrei) dazugeben und so lange kochen, bis sie weich, aber nicht zu weich sind. Wenn die Hörnchen fertig sind, können sie mit etwas Leinöl vermengt werden, damit sie nicht kleben.

3 Ist alles fertig? Jetzt kann die Suppe serviert werden. Wenn du frische Kräuter hast, kannst du die Suppe auch damit dekorieren. Die Hörnchen sehen als Topping schön aus. Ebenso ein wenig Leinsamen. Lass es dir schmecken!

“ MANCHMAL GIBT ES BEI UNS DIESE KÜRBIS-LINSEN-SUPPE ZWEI MAL IN DER WOCHE, WEIL SIE SO LECKER IST! ”

Ein Rezept von:

TANJA HAUSER

IHANA.EU

Würzige Rosenkohl-Suppe

ZUTATEN FÜR 4 PERSONEN

- **750 g Rosenkohl**
- **1 Speisezwiebel**
- **2 EL Sonnenblumenöl**
- **1/2 TL Paprikapulver**
- **Einige Fenchelsamen**
- **Eine Prise Nelkenpulver**
- **1/2 TL Kardamom**
- **Salz**
- **Pfeffer**

Für die Garnitur:

- **Rosa Pfefferbeeren**
- **Kräuter, z.B. Thymian oder Rosmarin**
- **Etwas vegane Kochcreme**

1. Rosenkohl putzen und die äußeren Blättchen ablösen. Den Rosenkohl gut waschen und halbieren. Zwiebel schälen und in kleine Würfel schneiden.
2. Die Zwiebelwürfel in Öl glasig andünsten. Rosenkohl dazugeben, einige Minuten mit anbraten und mit ca. 800 ml Wasser ablöschen. Gewürze dazugeben und 20 bis 25 Minuten köcheln lassen.
3. Suppe mit einem Mixstab gut pürieren, ein weiteres Mal aufkochen lassen und noch einmal abschmecken (sollte die Suppe zu dickflüssig sein, kann einfach noch etwas Wasser dazugegeben werden).
4. Die Suppe in Schüsseln füllen und mit Pfefferbeeren, Kräutern und einigen Klecksen Kochcreme garnieren.

“ICH LIEBE ROSENKOHL. IN NUR WENIGEN GERICHTEN KANN SICH SEIN LEICHT HERBES AROMA SO GUT ENTFALTEN WIE IN DIESER SUPPE.”

Ein Rezept von:

MIRIAM SÜTTERLIN
KINDOFVEGAN.DE

Cannelloni Bolognese Art mit Brokkolifüllung

ZUTATEN FÜR 4 PERSONEN (AUFLAUFFORM 30 X 20 CM)

Für die Bolognesesoße

- 300 g Champignons
- 2 Karotten
- 3 Stangen Staudensellerie
- 2 rote Zwiebeln
- 2 Knoblauchzehen
- 6 getrocknete Tomaten
- 2 EL Tomatenmark
- 2 Dosen stückige Tomaten
- 250 ml Gemüsebrühe
- 50 ml Traubensaft
- 2 EL Rapsöl
- 2 EL Ahornsirup
- 1 Zweig Rosmarin
- 1 Handvoll frischer Basilikum
- Salz, Pfeffer & Oregano

Für die Füllung

- 1 Brokkoli
- 100 g TK-Erbsen
- 80 g Cashewkerne
- 100 g Haferflocken
- 1 Liter Gemüsebrühe
- 100 ml Pflanzenmilch (Hafer o. Soja)
- Salz, Pfeffer & Muskat

Für die Bechamel

- 50 g Cashewkerne
- 25 g Hefeflocken

- 1 Knoblauchzehe
- 30 g Mehl
- 50 g Margarine
- 250 ml Pflanzenmilch (Hafer o. Soja)
- Salz

Sonstiges

- Cannelloni (ca. 15 Stück)

1 Für die Bolognesesoße die Champignons mit einem großen Messer kleinhacken, auf einem Backblech verteilen und 30 Minuten bei 150°C rösten.

2 Währenddessen die Karotten, den Sellerie, die Zwiebeln und den Knoblauch sowie die getrockneten Tomaten kleinschneiden. Dann das Rapsöl in einem Wok erhitzen und die Zwiebeln zusammen mit dem Knoblauch glasig dünsten.

3 Anschließend die gerösteten Pilze dazugeben und 3 Minuten leicht braun anbraten. Danach die Karotten, den Sellerie, die getrockneten Tomaten sowie gehackten Rosmarin, Basilikum und Oregano hinzufügen und weitere 5 Minuten kräftig braten.

4 Nun das Tomatenmark unterrühren, Salzen und Pfeffern und mit Ahornsirup karamellisieren. Schließlich alles zunächst mit dem Traubensaft ablöschen und die stückigen Tomaten sowie die Gemüsebrühe hineinschütten. Die Soße aufkochen und bei mittlerer Hitze 20 Minuten köcheln lassen.

5 Für die Cannelloni-Füllung den Brokkoli in kleine Röschen schneiden und in der Gemüsebrühe 10 Minuten weichkochen. Für die letzten 2 Minuten die TK-Erbsen dazugeben, diese sodann zusammen mit dem Brokkoli pürieren.

6 Danach die Cashewkerne mit einem Mixer klein häckseln und mit den Haferflocken, Muskat, Salz und Pfeffer in eine Schüssel geben. Das pürierte Gemüse und die Pflanzenmilch hinzufügen, alles vermischen und mit einem Löffel oder einer Spritztüte in die Cannelloni füllen.

7 Für die Bechamel die Cashewkerne, die Hefeflocken und den Knoblauch im Mixer feinhäckseln. Die Margarine in einem kleinen Topf zerlassen und nach und nach das Mehl unter Rühren hineinschütten. Eine Minute unter Rühren weiter rösten. Schließlich die Pflanzenmilch mit den gehäckselten Zutaten dazugeben und kurz aufkochen.

8 Zum Schluss die gefüllten Cannelloni in eine eingefettete Auflaufform legen, zunächst mit der Bolognese- und dann mit der Bechamelsoße bedecken. Für 45 Minuten bei 180°C in den Ofen schieben.

“ ÜBERBACKENE PASTAGERICHTE AUS DEM OFEN LIEBT DOCH JEDER, ODER? SIE SCHMECKEN AUCH KINDERN UND KÖNNEN – GERADE WENN GÄSTE KOMMEN – WUNDERBAR VORBEREITET WERDEN. DURCH DIE BROKKOLI-FÜLLUNG WANDERT SOGAR EINE PORTION GRÜNES GEMÜSE AUF DEN TELLER UND TROTZDEM SIND DIE CANNELLONI EIN WAHRES WOHLFÜHLESSEN. ”

Ein Rezept von:

ANNE PÖLL
MANGOLDMUSKAT.DE

“DIE KOHLROULADEN MIT DER LEICHT SCHARFEN PFEFFERSOSSE SCHMECKEN AM BESTEN MIT KARTOFFELPÜREE ODER KLÖSSEN.”

Kohlrouladen mit Pilzfüllung und dunkler Pfeffersoße

ZUTATEN
FÜR 2 PORTIONEN

Kohlrouladen

- **6 große Blätter Spitzkohl**
- **2 Zwiebeln**
- **1 Zehe Knoblauch**
- **350 g braune Champignons**
- **2 Brötchen**
- **40 g Margarine**
- **1 EL Senf**
- **2 EL Mehl**
- **80 ml Pflanzenmilch, neutral**
- **½ Bund gehackte Petersilie**
- **½ TL Salz, Pfeffer nach Geschmack**
- **½ TL Majoran**
- **Ca. 1 EL Öl zum Anbraten**

Pfeffersoße

- **1 rote Zwiebel**
- **1 Karotte**
- **100 g braune Champignons**
- **Etwas Öl zum Anbraten**
- **20 g Butter**
- **1 EL Tomatenmark**
- **2 TL brauner Zucker**
- **1 EL Mehl**
- **1 TL Senf**
- **1 EL Sojasoße**
- **50 ml Rotwein**
- **250 ml Wasser**
- **2 TL eingelegte grüne Pfefferkörner**
- **Etwas Salz, Pfeffer & Thymian**

1 **Für die Kohlrouladen**
Zwiebeln und Knoblauch schälen, würfeln und in etwas Öl in einer Pfanne für 5 Minuten anbraten. Pilze putzen und kleinhacken, ebenfalls in die Pfanne geben und für 5 Minuten anbraten. Brötchen fein würfeln (ca. 0,5 cm groß), Petersilie zupfen und hacken. Beides hinzufügen, würzen, Senf und Margarine unterrühren. Mit Mehl bestreuen, Pflanzenmilch hinzugeben und verrühren. Von der Herdplatte nehmen und etwas abkühlen lassen.

2 Mit einem kleinen Messer einmal rund um den Stiel des Kohls schneiden, sodass sich die äußeren Blätter lösen. Dickere Stielenden herausschneiden. Die Kohlblätter für 4 Minuten in heißem Wasser blanchieren.

3 Je 3 gehäufte EL der Füllung auf die Kohlblätter auf das Ende mit dem Stiel verteilen und festdrücken. Von dort aus eng einrollen, nach einer Umdrehung die Seiten einschlagen und vollständig aufrollen. Falls notwendig mit Spießen oder mit Küchengarn fixieren.

4 Etwas Öl in einer Pfanne erhitzen und von allen Seiten bei mittlerer Hitze für insgesamt 10 Minuten anbraten, 50 ml Wasser angießen, Deckel drauf und die Kohlrouladen nun 10 Minuten dünsten. Zwischendrin prüfen, dass noch Wasser da ist und nichts anbrennt, ggf. etwas Wasser nachgießen.

5 **Für die Soße**
Gemüse würfeln und in einem Topf in etwas Öl für einige Minuten anbraten. Senf, Tomatenmark und Margarine hinzugeben und gut verrühren. Mit Mehl und braunem Zucker bestreuen, mit Wasser, Rotwein sowie Sojasoße aufgießen, würzen und 10 Minuten köcheln lassen.

6 Die Soße abschließend pürieren, die ganzen Pfefferkörner untermischen und je nach Geschmack noch etwas Flüssigkeit zum Verdünnen hinzufügen.

Ein Rezept von:

CLARISSA JUSE
PARADIESFUTTER.DE

DEN GANZEN ABEND ÜBER GESELLIG ZUSAMMEN ESSEN: GERADE AN DEN WEIHNACHTSFEIERTAGEN UND SILVESTER SIND AUSGIEBIGE FONDUE-SESSIONS BELIEBT! IN MEINER FAMILIE HAT DAS SCHWEIZER KÄSEFONDUE TRADITION UND SCHON SEIT EINIGEN JAHREN GIBT ES NUN AUCH IMMER EINEN VEGANEN TOPF DAZU! ÜBER DIE ZEIT HABE ICH DAS REZEPT PERFEKTIONIERT UND NICHT NUR VEGAN-ESSENDE MENSCHEN DAMIT BEGEISTERT!

Veganes Käsefondue

ZUTATEN FÜR 4 PERSONEN

Fondue

- **75 g Öl (neutrales Raps- oder Sonnenblumenöl)**
- **75 g helles Dinkel- oder Weizenmehl**
- **3 Knoblauchzehen**
- **250 ml Wasser**
- **50 g Hefeflocken**
- **250 ml veganer Weißwein (trocken)**
- **2 TL mittelscharfer Senf**
- **1 – 2 TL Salz**
- **½ TL Kurkuma (optional, für die Farbe)**
- **1 – 2 TL Misopaste in etwas Wasser angerührt (optional, für mehr Würzigkeit und „umami")**
- **4 cl Kirschwasser oder scharfer Ingwersirup/-likör (optional, für die perfekte Abrundung)**

Beilagen-Vorschlag

- **2 Stangen Baguette, gewürfelt**
- **8 mittelgroße Kartoffeln, gewürfelt und gekocht**
- **Grüner Salat**
- **Weintrauben**
- **Saure Gürkchen**

1. Das Öl in einem Topf erhitzen, die Knoblauchzehen fein gehackt dazugeben und das Mehl mit einem Schneebesen einrühren.
2. Vom Herd nehmen und nach und nach das komplette Wasser dazugeben – sehr gut rühren, sonst drohen Klümpchen!
3. Jetzt auch noch die Hefeflocken einrühren.
4. Unter ständigem Rühren wieder ab auf den Herd und andicken lassen. Falls es jetzt schon sehr dick ist, kann auch gleich ein Schlückchen Wein dazu.
5. Nach und nach den Wein dazugeben, immer gut rühren und mit den ganzen restlichen Zutaten abschmecken!
6. Es sollte so heiß sein, dass die Masse andickt, aber nicht blubbernd köcheln. (Sollten trotz fleißigem Rühren Klümpchen entstanden kein, kann ein Stabmixer Abhilfe schaffen.)
7. Die entstandene dickflüssig-cremige Fondue-Masse in einen Fondue-Topf geben und auf einem Rechaud (Fondue-Warmhalter) auf dem Tisch platzieren.
8. Die gewünschten Beilagen drum herum und schon kann das Fondue losgehen!

Portraitfoto: Lena Gräf

Ein Rezept von:
RAMONA HÜBNER
PASSIONANDFRUITS.DE

Christmas Burger mit Granatapfelkernen

ZUTATEN Für ca. 4 Personen

Für die Buns (12 Stk.):

- 230 ml warmes Wasser
- 20 ml warme Pflanzenmilch
- 1 Päckchen Trockenhefe
- 2 EL Zucker
- 1 EL Eiersatzprodukt mit 3 EL Wasser verquirlen oder Alternative
- 500 g Mehl
- 1 TL Salz
- 40 ml geschmacksneutrales Öl

Für die Patties (12 Stk.):

- 450 g Champignons
- 1 große Zwiebel
- 400 g Rundkornreis gekocht
- 75 g Tomatenmark
- 1/2 Bund frische Petersilie
- 40 ml Sojasoße
- 1 EL Misopaste oder Hefeextrakt
- 1 TL getrocknetes Basilikum
- 1/2 TL getrockneter Thymian
- 1/2 TL geräuchertes Paprikapulver
- 1 EL Hefeflocken
- 1 Prise gemahlener Piment
- 180 g Glutenpulver

Für die Soße:

- 2 mittelgroße Zwiebeln
- Olivenöl
- Salz, Pfeffer
- 4 Nelken
- 1 Sternanis
- 1 Zimtstange
- 1 Lorbeerblatt
- 1/2 TL gemahlener Piment
- 100 ml Rotwein
- 400 g Tomatenstücke aus der Dose
- 150 ml passierte Tomaten
- 125 ml Gemüsebrühe

Außerdem:

- Etwa 50 g Rucola und 40 g Granatapfelkerne

1 Für die **Buns** werden in einer großen Schüssel zuerst alle trockenen Zutaten miteinander vermengt. Das Ersatzprodukt für ein Ei wird mit Wasser angerührt und zur Seite gestellt.

2 Zu den trockenen Zutaten kommt nun das Öl und im Anschluss ganz langsam die warmen Flüssigkeiten. Alles gut durchkneten und dann den Eiersatz dazugeben und weiterkneten. Als Kugel formen, in die Schüssel legen und an einem warmen Ort ca. 1 Std. gehen lassen, bis die Menge sich verdoppelt hat.

3 Währenddessen werden die **Patties** zubereitet. Champignons putzen und in einer Küchenmaschine sehr fein hacken, aber keinen Brei draus werden lassen! Die Zwiebel ebenfalls in der Küchenmaschine hacken.

4 Alle Zutaten – bis auf das Glutenpulver – für die Patties in einer großen Schüssel miteinander vermengen und gut durchkneten. Das Glutenpulver zur Mischung zufügen und nochmals sehr gut durchkneten.

5 Den Backofen auf 175°C Ober-/Unterhitze vorheizen. 1 – 2 Backbleche mit Backpapier auslegen. Aus dem Patty-Teig Bratlinge formen, indem zuerst eine Kugel geformt wird, die dann auf dem Backblech plattgedrückt wird. Für die passende Form kann auch ein Ausstecher in der gewünschten Größe genommen werden.

6 Die Patty-Rohlinge werden im Backofen ca. 30 Minuten gebacken. Anschließend auskühlen lassen. Dann können sie bis zur weiteren Verwendung in den Kühlschrank.

7 Den Teig für die Buns nun auf einer bemehlten Arbeitsfläche gut durchkneten. Aus dem Teig werden 12 gleichgroße Kugeln geformt und auf ein mit Backpapier ausgelegtes Blech bzw. eine Fettpfanne mit mehreren Zentimeter Abstand, gelegt.

8 Anschließend werden die Buns nochmals abgedeckt und ca. 1 Std. an einen warmen Ort zum Gehen gestellt.

9 Für die weihnachtliche **Tomatensoße** werden die Zwiebeln gehackt und in einer großen und tiefen Pfanne in 2 – 3 EL Olivenöl glasig gedünstet.

10 Nelken, Sternanis, Zimtstange, Lorbeerblatt und Piment zugeben und etwa 5 Minuten bei mittlerer Hitze mitdünsten. Mit Rotwein ablöschen und reduzieren lassen.

11 Tomatenstücke, passierte Tomaten und Brühe zugeben. Mit Salz und Pfeffer abschmecken. Kurz aufkochen lassen und anschließend auf niedrigster Stufe ca. 30 – 60 Minuten köcheln lassen.

12 Den Backofen auf 180°C Ober-/Unterhitze vorheizen. Das Blech mit den Buns abdecken, die Buns mit etwas Pflanzenmilch bestreichen und für 20 – 25 Minuten im Ofen goldbraun backen.

13 Nachdem die Buns etwas abgekühlt sind, kann der Burger zusammengesetzt werden. Eine Pfanne mit etwas Öl erhitzen, die Patties darin kurz von beiden Seiten anbraten.

14 Die Buns aufschneiden und die Innenseiten kurz antoasten oder in einer Pfanne anrösten. Optional kann nun auf den Bun-Hälften etwas Margarine/Frischkäse/Mayo verteilt werden. Ohne (wie auf dem Foto) klappt auch wunderbar, da die Soße sehr saftig ist.

15 Auf dem unteren Teil des Buns werden die Rucolablätter aufgelegt. Anschließend kommt darauf das Patty. 2 – 3 EL der Tomatensoße bedecken fast das gesamte Patty und werden von Granatapfelkernen gekrönt. Nun noch den Deckel des Buns auf den Burger – Guten Appetit!

Ein Rezept von:

BJÖRN MOSCHINSKI
BJOERNMOSCHINSKI.DE

Sauerkrautsuppe mit Pilzen

Menü 1

ZUTATEN FÜR 4 PORTIONEN

- **3 Zwiebeln**
- **3 EL Sonnenblumenöl**
- **300 g Sauerkraut aus der Dose**
- **300 ml Gemüsefond**
- **1 Pimentkorn**
- **1 Lorbeerblatt**
- **200 g Pilze**
- **1 Msp. gemahlener Kümmel**
- **Meersalz**
- **Pfeffer aus der Mühle**
- **1 Bund Petersilie**
- **1 Karotte**
- **Rohrohrzucker**

1 Zwiebeln abziehen und in feine Streifen schneiden. In einer Pfanne das Sonnenblumenöl erhitzen und $^2/_3$ der Zwiebeln darin goldgelb schmoren. Anschließend in eine Schüssel geben.

2 In der Zwischenzeit das Sauerkraut mit den restlichen Zwiebelstreifen in einen Topf geben und andünsten. Mit Gemüsefond aufgießen. Piment und Lorbeer zur Suppe geben und diese 15 bis 20 Minuten köcheln lassen.

3 Pilze putzen und in grobe Stücke schneiden. Mit Kümmel, Salz und Pfeffer in der Zwiebelpfanne anbraten und anschließend zu den geschmorten Zwiebeln in die Schüssel geben.

4 Petersilie waschen und trockenschütteln. Die Blätter abzupfen und grob hacken. Karotte waschen, putzen und mit einer Reibe fein reiben. Beides zur Pilz-Zwiebel-Mischung geben und diese mit Salz und Pfeffer abschmecken.

5 Lorbeer und Piment aus der Sauerkrautsuppe entfernen. Die Suppe pürieren, mit Salz und Zucker abschmecken und auf Tellern verteilen. Die Pilzeinlage dazugeben und heiß servieren.

“ MIT GERÖSTETEM DUNKLEM BROT SERVIEREN. DIESE SUPPE IST FÜR JEDEN SAUERKRAUTLIEBHABER EIN MUSS. IHR KÖNNT SIE AUCH NOCH MIT EUREM LIEBLINGSSENF PIMPEN. ”

Ein Rezept von:

BJÖRN MOSCHINSKI

BJOERNMOSCHINSKI.DE

Knusprige Rollen

ZUTATEN FÜR 4 PORTIONEN

- **1 Zwiebel**
- **1 Karotte**
- **50 g Knollensellerie**
- **1/2 Stange Lauch**
- **200 g Naturtofu**
- **150 ml Hafersahne**
- **1 EL Kartoffelstärke**
- **2 EL Rapsöl**
- **1 Msp. Muskatnuss, frisch gerieben**
- **1/2 TL getrockneter Majoran**
- **1 Msp. gemahlener Kümmel**
- **1/2 TL edelsüßes Paprikapulver**
- **Meersalz**
- **Pfeffer aus der Mühle**
- **150 g Blätterteig**
- **Mehl für die Arbeitsfläche**

1 Zwiebel abziehen, Karotte und Sellerie waschen und putzen. Alles fein reiben. Lauch waschen, putzen und in feine Streifen schneiden. Tofu mit den Händen fein zerbröseln und mit Hafersahne und Stärke vermengen. Das Gemüse und das Öl dazugeben und alles noch einmal gründlich vermengen. Die Masse mit Muskat, Majoran, Kümmel, Paprikapulver, Salz und Pfeffer würzen.

2 Den Backofen auf 160°C vorheizen. Den Blätterteig auf der bemehlten Arbeitsfläche dünn ausrollen und in 4 Stücke schneiden. Die Masse darauf verteilen und die Stücke zu Rollen formen. Die Enden der Rollen gründlich verschließen und die Rollen für etwa 15 Minuten auf der mittleren Schiene im Ofen goldgelb backen. Heiß servieren.

NACH WUNSCH KÖNNEN DIE ROLLEN VOR DEM BACKEN MIT SCHWARZEN SESAMSAMEN ODER GROB GEMAHLENEM PFEFFER BESTREUT WERDEN.

DIESES REZEPT ZEIGT: TOFU EIGNET SICH SEHR GUT ZUM BINDEN. DAS EIWEISS IM TOFU GERINNT BEIM BACKEN UND WIRD ZU EINER FESTEN MASSE. SO LASSEN SICH AUCH SEHR GUT TERRINEN ZUBEREITEN.

Ein Rezept von:

BJÖRN MOSCHINSKI

BJOERNMOSCHINSKI.DE

Haselnuss-Pannacotta mit Grand-Marnier-Blaubeeren

ZUTATEN FÜR 6 PORTIONEN

- **Fett für die Schälchen**
- **600 ml Haselnussdrink**
- **4 g Agar-Agar**
- **70 ml Agavendicksaft**
- **1 Prise Meersalz**
- **2 TL Speisestärke**
- **250 g Blaubeeren**
- **4 cl Grand Marnier**

1 Dessertschälchen einfetten. 500 ml Haselnussdrink mit Agar-Agar, 40 ml Agavendicksaft und Salz verrühren und in einem Topf langsam zum Kochen bringen. Die Speisestärke mit dem restlichen Haselnussdrink vermischen und unter ständigem Rühren in den Topf geben. Aufkochen, in die Dessertschälchen füllen und eine Stunde abkühlen lassen.

2 Blaubeeren waschen und abtropfen lassen. Mit dem restlichen Agavendicksaft und dem Grand Marnier vermischen und auf die Haselnuss-Pannacotta geben.

FÜR DIE DEKO DER HASELNUSS-PANNACOTTA EIGNEN SICH GEHOBELTE HASELNÜSSE UND/ODER VANILLEPOPCORN.

Ein Menü mit Rezepten aus:

VEGAN – QUICK & EASY

VON BJÖRN MOSCHINSKI

ISBN: 978-3-517-09426-7 | Gebundene Ausgabe, 144 Seiten, Südwest Verlag, 2015, Fotos: © Florian Bolk (LE SCHICKEN) | www.le-schicken.de

Ein Rezept von:

CORINNA SCHOBER

DELICIOUSLYVEGGIE.COM

„IHR KÖNNT DIE FOCACCIA AUCH MIT EINEM LECKEREN PESTO BESTREICHEN. SCHMECKT AUCH HERVORRAGEND!“

Karotten-Süßkartoffel-Kürbissuppe mit Tomaten-Focaccia

Menü 2

SUPPE

ZUTATEN

- 1 große Süßkartoffel
- 5 Stk. Karotten
- ½ Butternusskürbis
- 1,5 l Gemüsebrühe
- 200 ml Kokosmilch
- 1 Zwiebel
- 1 kleines Stück Ingwer
- Gewürze: Curry, Meersalz, Chili, Zitronengras, Graham Masala

1. Schneidet das Gemüse klein.
2. Erhitzt etwas Öl in einem großen Topf und röstet die geschnittene Zwiebel darin an.
3. Gebt nun den Rest des Gemüses hinzu, den Ingwer und würzt es kräftig. Circa 5 Minuten unter Rühren anbraten.
4. Übergießt das Gemüse mit der Gemüsebrühe und lasst alles für ca. 30 Minuten vor sich hin köcheln.
5. Ist das Gemüse weich genug, püriert es und gebt die Kokosmilch hinzu. Noch einmal für circa 15 Minuten köcheln lassen. Bei Bedarf noch nachwürzen oder mit etwas Wasser aufgießen, falls Euch die Suppe zu cremig ist.

TOMATEN-FOCACCIA

ZUTATEN

- 500 g Dinkelmehl
- 1 Pkg. Trockengerm
- 2 TL Salz
- 2 EL italienische Kräuter (getrocknet)
- 1 TL Birkenzucker
- 250 ml lauwarmes Wasser
- 4 EL Olivenöl
- 250 g Kirschtomaten

1. Mehl, Trockengerm, Salz, Kräuter und Zucker in eine Schüssel geben und miteinander vermengen.
2. Nun die flüssigen Zutaten hinzufügen und mit der Hand zu einem glatten Teig verkneten.
3. Bedeckt den Teig mit etwas Mehl und lasst ihn für circa 30 Minuten an einem warmen Ort rasten.
4. Noch einmal gut durchkneten und in die gewünschte Form bringen.
5. Mit Olivenöl bestreichen, noch ein paar Kräuter drauf und mit den Kirschtomaten belegen.
6. Für circa 15 Minuten bei 200°C Ober- und Unterhitze in den vorgeheizten Backofen geben.

Ein Rezept von:

CORINNA SCHOBER

DELICIOUSLYVEGGIE.COM

Soja-"Pasta Asciutta" mit Karotten und Zucchini

ZUTATEN

- **150 g Soja-Granulat**
- **1 Tube Tomatenmark**
- **300 ml passierte Tomaten**
- **1 große Zwiebel**
- **2 Zehen Knoblauch**
- **4 Karotten**
- **2 Zucchini**
- **500 ml Wasser**
- **Gewürze: Salz, Pfeffer, Paprika edelsüß, Kurkuma, Zitronencurry, Basilikum, Rosmarin, Oregano, Thymian**
- **Dazu: 500 g Vollkornnudeln, Sonnenblumenkerne, gehobelte Mandeln**

1. Für die Soße schneidet ihr zuerst die Zwiebel und die Knoblauchzehen in kleine Stücke und bratet sie in reichlich Öl glasig. Nun fügt ihr das Soja-Granulat hinzu und röstet es kurz mit.
2. Gießt nun ca 500 ml Wasser (wenn ihr die Soße dicker mögt, dann weniger; wenn ihr sie flüssig mögt, dann mehr) über das Soja-Granulat. Das Granulat sollte vollständig mit Wasser bedeckt sein.
3. Gebt nun eine Tube Tomatenmark und 300 ml passierte Tomaten hinzu und verrührt die Soße.
4. Schneidet die Karotten und Zucchini in kleine Stücke und fügt sie zur Soße hinzu. Würzt nun kräftig mit den Gewürzen eurer Wahl. Ich habe Salz, Pfeffer, Paprika edelsüß, Kurkuma, Zitronencurry, Basilikum, Rosmarin, Oregano und Thymian verwendet.
5. Lasst die Soße für circa 30 Minuten auf mittlerer Stufe vor sich hin köcheln und würzt sie danach nach eurem Geschmack nach.
6. Die Soße über die fertig gekochten Nudeln geben und mit Sonnenblumenkernen und gehobelten Mandeln garnieren.

"DIE „PASTA ASCIUTTA"-SOSSE SCHMECKT AUCH ALS EINTOPF KÖSTLICH!"

Ein Rezept von:

CORINNA SCHOBER

DELICIOUSLYVEGGIE.COM

TIPP: STÜRZT DIE KÜCHLEIN SOFORT AUS IHRER FORM UND LASST SIE „FREI" AUSKÜHLEN.

Heidelbeer-Kakao-Zimt-Törtchen mit schokoladigen Herzchen

ZUTATEN

Für die Heidelbeersahne

- **300 ml Sojaschlag**
- **½ TL Zimt**
- **1 TL Vanille**
- **250 g Heidelbeeren**
- **1 EL Birkenzucker**

Für die Kakao-Zimt-Küchlein

- **150 g Dinkelmehl**
- **50 g gemahlene Mandeln / Mandelmehl**
- **2 EL geriebene Haselnüsse**
- **2 EL Kakao**
- **90 g Birkenzucker**
- **½ TL Zimt**
- **40 g Öl**
- **60 g Sojajoghurt oder Kokosjoghurt**
- **150 ml Wasser**

Für das Topping

- **Vegane dunkle Schokolade**

1 Für die Kakao-Zimt-Küchlein gebt ihr zuerst alle trockenen Zutaten in eine Rührschüssel. Anschließend vermengt ihr alle flüssigen Zutaten miteinander und gebt sie zu den trockenen. Vermixt alles kurz miteinander und füllt den Teig in die zuvor ausgebutterten und bemehlten Förmchen. Den übrig gebliebenen Teig gebt ihr einfach in eine viereckige kleine Backform (daraus werden dann die Schokoherzen gemacht).

2 Gebt nun die Kakao-Zimt-Böden bei ca. 180°C Ober- und Unterhitze für ca. 20 – 25 Minuten in den vorgeheizten Backofen. Die viereckige Backform (mit den dünnen Boden) holt ihr nach ca. 15 Minuten aus dem Backofen.

3 Währenddessen könnt Ihr die Heidelbeersahne vorbereiten. Dafür schlagt ihr zuerst den Sojaschlag auf. Dies dauert ungefähr 15 Minuten, die Masse sollte sich verdoppelt haben. Anschließend püriert Ihr 200 g Heidelbeeren mit dem Birkenzucker, der Vanille und dem Zimt. Gebt nun das Heidelbeerpüree zur Sahne und rührt mit einem Löffel locker um, sodass eine luftige Masse entsteht. Gebt nun die Heidelbeersahne für ca. eine Stunde in den Kühlschrank, dann wird sie angenehm fest.

4 Sind die Küchlein ausgekühlt, könnt ihr mit der Dekoration beginnen. Hierfür habe ich eine dunkle Kakaoschokolade eingeschmolzen und mit dem Teelöffel auf den oberen Rand der Küchlein gesetzt. Die Heidelbeeren habe ich auf die noch flüssige Schokolade gedrückt, sodass sie mit der Schokolade mit fest werden. Ist die Schokolade trocken, könnt ihr die Küchlein mit der Heidelbeersahne füllen und on top ein kleines Türmchen spritzen.

5 Für die Schokoherzen habe ich aus dem extra gefertigten Kuchenteig mit einem Keksausstecher Herzchen ausgestochen und diese mit der geschmolzenen Schokolade dekoriert.

Ein Rezept von:

PEFFE STAHL

DER-VEGANIZER.DE

Mandelsuppe

Menü 3

ZUTATEN FÜR 6 PORTIONEN

- **1 Zwiebel geschält und gewürfelt**
- **1 Knoblauchzehe geschält und gehackt**
- **2 Kartoffeln geschält und in kleine Würfel geschnitten**
- **1 EL Kokosöl**
- **2 EL Weißwein (alternativ Gemüsebrühe mit einem Spritzer Zitronensaft)**
- **100 ml pflanzliche Sahne**
- **800 ml Gemüsebrühe**
- **150 g Mandeln (ich habe geröstete genommen, es gehen aber auch geschälte oder Mandelmehl)**
- **1 Msp. Zimt**
- **¼ TL Muskat**
- **1 Prise Zucker**
- **Salz & Pfeffer**
- **Mandelblätter**

1. Die Mandeln in einem Mixer zu Mehl verarbeiten und die Mandelblätter separat in einer beschichteten Pfanne kurz in heißem Öl anrösten, anschließend zur Seite stellen.
2. Öl in einem Topf erhitzen, Zwiebel und Knoblauch kurz glasig anbraten, Zucker unterrühren und mit Weißwein ablöschen. Anschließend die Brühe und die pflanzliche Sahne eingießen, Kartoffelwürfel zugeben und die Suppe kurz aufkochen. Jetzt die Kartoffelwürfel zufügen und die Suppe so lange leicht köcheln lassen, bis die Würfel gar sind. Gewürze und das Mandelmehl in die Suppe geben und mit einem Mixstab pürieren. Die Suppe ca. 3– 5 Minuten leicht köcheln lassen.
3. Zum Schluss mit Salz und Pfeffer abschmecken und dann die Suppe mit Mandelblättern dekoriert servieren.

“WEIHNACHTEN GING ES IN MEINER FAMILIE FRÜHER OFT STRESSIG ZU. DER BAUM IST UMGEFALLEN, IN DER KÜCHE HAT ES GEQUALMT, DIE ATMOSPHÄRE WAR ANGESPANNT. DESHALB MACHE ICH GERNE STRESSFREIE MENÜS, DIE TAGS ZUVOR SCHON ZUZUBEREITEN SIND. NATÜRLICH MUSS DAS ESSEN LECKER SEIN UND AUCH EINEN GEWISSEN PROTZFAKTOR HABEN, WEIL ICH GERNE AUF DEN PUTZ HAUE ;)”

Ein Rezept von:

PEFFE STAHL

DER-VEGANIZER.DE

Frikassee in Blätterteigpasteten mit Bohnenbällchen

FRIKASSEE
ZUTATEN FÜR 6 PERSONEN

- **6 Blätterteigpasteten (beim Bäcker bestellen oder aus veganem Blätterteig selbst formen und nach Packungsanleitung backen)**
- **300 g braune Champignons geputzt und geviertelt**
- **100 g Erbsen**
- **2 Karotten geputzt und gewürfelt**
- **500 ml Gemüsebrühe**
- **200 ml pflanzliche Sahne**
- **2 gehäufte EL Mehl oder Speisestärke**
- **1/2 Zwiebel geschält und gewürfelt**
- **2 EL Kokosöl oder vegane Margarine**
- **50 ml Weißwein (ersatzweise ein Spritzer Zitronensaft)**
- **4 – 5 Stängel Petersilie gehackt**
- **Salz & Pfeffer zum Abschmecken**

1 Die Champignons 2 – 3 Minuten in einer Pfanne anbraten und mit Salz und Pfeffer würzen. Öl in einem Topf erhitzen und die Zwiebelwürfel glasig anbraten, mit dem Mehl bestäuben und gut umrühren. Anschließend mit dem Wein ablöschen und diesen einköcheln lassen.

2 Nun die Brühe und die pflanzliche Sahne eingießen und kurz aufkochen lassen. An dieser Stelle püriere ich die Soße durch, damit auch garantiert keine Klümpchen drin sind. Karottenwürfel und die Pilze mit in die Soße geben, kurz vor Schluss die Erbsen dazu, damit sie knackig bleiben. Petersilie unterrühren, mit Salz und Pfeffer abschmecken. Fertig!

BOHNENBÄLLCHEN
ZUTATEN FÜR 20 STÜCK

- **400 g gekochte Kidneybohnen**
- **½ Zwiebel gewürfelt**
- **2 Knoblauchzehen geschält und gehackt**
- **100 g Haferflockenmehl (ich gebe einfach Haferflocken in einen Mixer)**
- **75 g Nüsse oder Saaten (Sonnenblumenkerne, Kürbiskerne, Haselnüsse)**
- **1 EL Senf**
- **½ TL Salz**
- **1 TL Paprikapulver**
- **4 – 5 Stängel Petersilie gehackt**
- **Evtl. einen Spitzer Sojasoße zum Abschmecken, wenn Du es würziger magst**
- **Kokosöl zum Braten der Bällchen**

1 Die Bohnen in einem Sieb abseihen und waschen. Alle Zutaten in eine Schüssel geben und mit einem Mixstab zu einer homogenen Masse pürieren. Bällchen aus der Masse formen, Öl in einer beschichteten Pfanne erhitzen und die Bällchen scharf von allen Seiten ca. 3 Minuten anbraten.

2 Pasteten auf einem Teller platzieren und Frikassee hineinfüllen. Dazu ein paar Bohnenbällchen legen und servieren. Du kannst auch noch Reis dazu kochen, das passt sehr gut zu dem Gericht.

Ein Rezept von:

PEFFE STAHL
DER-VEGANIZER.DE

Winterkuchen mit Zimt und Beeren

ZUTATEN

Für den Mürbeteig:

- 25 g vegane Margarine (z.B. Alsan)
- 1 EL Kokosblütenzucker
- 90 g helle glutenfreie Mehlmischung
- ½ TL Flohsamenschalenpulver
- 1½ TL Backpulver
- 50 ml Haselnussmilch

Für die Beerenfüllung:

- 400 g (gefrorene) Beeren
- Saft einer ¼ Zitrone
- 20 g Speisestärke

Für den Haselnuss-Zimtteig:

- 2 EL Leinsamen + 4 EL Wasser
- 75 g gemahlene Haselnüsse
- 40 g Kokosblütenzucker
- 45 ml Haselnussmilch (es geht auch Soja, Hafer- oder Mandelmilch)
- 45 ml Sojasahne
- 1 TL Zimt
- 2 EL glutenfreie Semmelbrösel
- 2 TL glutenfreies Mehl
- ½ TL Backpulver
- 1 EL Orangeat
- 1 TL Vanillezucker

1 **Zubereitung Mürbeteig:**
Margarine und Kokosblütenzucker „schaumig" rühren. Glutenfreies Mehl, gemahlene Flohsamenschalen und Backpulver in einer separaten Schale mischen und zur Schaummasse rühren. Haselnussmilch zugeben und verrühren. Den Teig auf eine bemehlte Arbeitsfläche geben und kurz mit den Händen durchkneten. Den Teig auf der bemehlten Fläche mit einem Nudelholz dünn ausrollen und die Springform damit auslegen. Ich rolle den Teig immer zwischen 2 Seiten Backpapier aus und schneide mir mit Hilfe der Springform den Bodenteig zu. Dadurch habe ich den Teig gleich in passender Größe auf dem Backpapier und lege es dann zusammen auf den Boden der Springform, Rand drum und festziehen. Den restlichen Teig rolle ich anschließend erneut aus, daraus schneide ich mir lange schmale Stücke und verwende diese als Rand für den Boden. Fertig! Anschließend in den Kühlschrank stellen und die restlichen Sachen zubereiten.

2 **Zubereitung Beerenfüllung:**
Die Beeren in einen hohen Messbecher geben und mit einem Pürierstab pürieren. Am Ende benötigst du 250 ml Beerenpürree. Zwei Drittel davon in einen Topf geben und zum Kochen bringen. Den restlichen Beerenmix mit Zitronensaft und Speisestärke verquirlen und in die kochende Masse rühren. Einmal kurz aufkochen lassen, dann vom Herd nehmen und zum Abkühlen an die Seite stellen (ab und zu mal rühren, dann bildet sich keine Haut).

3 **Zubereitung Haselnuss-Zimtteig:**
Leinsamen und Wasser mischen und quellen lassen. Orangeat auf einem Brettchen sehr fein hacken und zur Seite stellen. Leinsamenmix mit Kokosblütenzucker und Vanillezucker „schaumig" rühren. Nun alle restlichen Zutaten dazugeben und ordentlich vermischen.

4 **Zubereitung Haselnuss-Zimtkuchen:**
Springform aus dem Kühlschrank nehmen. Den Beerenpudding auf dem Mürbeteig verteilen und glattstreichen (nicht über Rand kommen). Den Haselnussteig portionsweise auf den Pudding geben und vorsichtig verteilen bzw. glattstreichen. Nun ca. 40 Minuten im vorgeheizten Backofen backen. Noch warm, aber nicht mehr heiß, vorsichtig aus der Form lösen und erkalten lassen. Anschließend noch Puderzucker drüber und fertig ist das gute Stück. Wenn du noch was von der Beerenfüllung übrig hast, kannst du den Kuchen damit noch bestreichen. Da er so saftig ist und sich der Zimt dann richtig entfaltet, kannst du ihn problemlos schon am Vortag backen – dadurch hast du weniger Stress bei deinem Festtagsmenü.

DANKE AN **BIRTE BAUMGART** FÜR DIESEN TOLLEN KUCHEN. SIE BACKT UNTER DEM NAMEN **„FRAU BIRDSEN"** GLUTENFREIE LECKEREIEN FÜR PEFFE.

Ein Rezept von:

ROXANNE LEISSRING
MONZENZINE.DE

Rote Kartoffelsuppe

ZUTATEN

- **Pro Person 1 – 2 große mehligkochende Kartoffeln**
- **Pro Person ½ rote Bete (vorgegart)**
- **Gemüsebrühe nach Geschmack**
- **Majoran, Lorbeerblatt**
- **Pro Person ¼ Zwiebel**
- **Sonnenblumenöl**

Nach Geschmack

- **1 Kartoffel für die Garnitur**
- **Rote Linsen (1 Hand pro Person)**
- **Rotwein (½ Weinglas)**

Menü 4

1. Die Zwiebeln würfeln und die Kartoffeln kleinschneiden. Beides zusammen in Öl anbraten und mit Wasser (oder Rotwein) ablöschen. Kurz köcheln lassen und Brühe hinzugeben, sodass die Kartoffeln knapp bedeckt sind. (Lieber am Anfang etwas weniger Brühe nehmen und später, wenn nötig, welche hinzufügen)
2. Nach 10 Minuten Kochzeit die gewürfelte rote Bete hinzugeben und so lange köcheln lassen, bis die Kartoffeln schön weich sind.
3. In der Zeit kannst du anfangen, die Linsen zu waschen und in kochendem Wasser ca. 7 Minuten zu kochen. Danach abgießen.
4. Wenn du magst, kannst du außerdem eine bereits geschälte, rohe Kartoffel so schälen, dass „Kartoffelringe“ entstehen. Also möglichst ohne abzubrechen in einem Stück die Kartoffel „entlangschälen“. Diese Kringel kannst du dann in Pflanzenöl kurz frittieren und anschließend salzen, dies gibt die schön krossen Kartoffelnester auf der Suppe.
5. Wenn die Kartoffeln weich sind, muss die Suppe nur noch püriert und abgeschmeckt werden. Die Linsen kannst du entweder in einem Glas zusammen mit der Suppe schichten oder als Garnitur verwenden.

“MIT ROTWEIN BEKOMMT DIE SUPPE EINE INTENSIVERE FARBE UND GESCHMACK. BEIM ABSCHMECKEN PASST EIN LÖFFEL APFEL- ODER WEINESSIG PERFEKT ZU DEM ERDIGEN GESCHMACK DER ROTEN BETE.”

Ein Rezept von:

ROXANNE LEISSRING
MONZENZINE.DE

DIE KNÖDEL KÖNNEN ORDENTLICH GESALZT UND GEWÜRZT WERDEN, ALSO AM BESTEN IMMER MAL ZWISCHENDURCH ABSCHMECKEN. EINE GENERALPROBE IST BEI SOLCHEN „KNÖDELGERICHTEN" MEIN ABSOLUTER GEHEIMTIPP. ES KLAPPT MIT ETWAS ÜBUNG GLEICH VIEL LEICHTER UND DU KOMMST NICHT AUSGERECHNET AM WEIHNACHTSABEND INS SCHWITZEN.

Knödel mit Petersiliensoße

ZUTATEN

Für die Knödel:

- **Pro Person 1 – 2 große mehligkochende Kartoffeln**
- **Kartoffelstärke (nach Bedarf)**
- **Semmelbrösel (ca. 1 EL pro Kartoffel)**
- **Pflanzenfett**
- **Brühe**

Für die Petersiliensoße:

- **1 Bund Petersilie**
- **Pflanzenfett**
- **Pflanzenmilch**
- **Zwiebel**
- **Mehl**
- **Brühe**
- **Pfeffer/Salz**
- **Muskatnuss**

1. Koche die Kartoffeln in Salzwasser und mit Schale, bis sie weich sind. Gieße die Kartoffeln ab und lasse sie etwas abkühlen. Schäle sie und stampfe sie zu Brei. Dann verknetest du den Kartoffelbrei mit ein paar Löffeln Stärke sowie einer guten Prise Salz und lässt den Teig ca. 1 Stunde im Kühlschrank ziehen.

2. In der Zeit kannst du schon die Füllung vorbereiten. Röste die Semmelbrösel mit etwas Pflanzenfett und Salz in einer Pfanne an, bis es in deiner Küche herrlich duftet.

3. Außerdem kannst du auch schon die Petersiliensoße (auf Basis einer Mehlschwitze) zubereiten: Schwitze die Zwiebelwürfelchen in einer Pfanne mit Pflanzenfett an und bestreue sie anschließend mit ein paar Esslöffeln Mehl. Lass das Mehl kurz bräunen und füge dann (nach und nach) die Brühe sowie die Pflanzenmilch hinzu und rühre wie verrückt mit einem Schneebesen, sodass keine Klümpchen entstehen. Nun fünf Minuten köcheln lassen und regelmäßig umrühren.

4. Hat die Soße eine gute Konsistenz erreicht, kannst du die gewaschene und kleingehackte Petersilie hinzufügen. Nun die Hitze drosseln, sodass die Vitamine erhalten bleiben. Abschmecken mit Pfeffer, Salz und Muskatnuss.

5. Nun formst du aus der Kartoffelmasse die Knödel. Hier kannst du etwas experimentieren, was für dich am Besten klappt. Du kannst die Masse ausrollen und kleine Taschen oder kleine Bällchen formen. Wichtig ist nur, dass du deine leckeren Semmelbrösel gut in dem Knödel/Tasche verstecken kannst. Nimm nicht zu viel, sodass die Semmelbrösel nicht beim Kochen herauskommen – aber auch nicht zu wenig, schließlich ist die Füllung wie immer das Beste!

6. Gib deine Knödel in heiße, aber nicht mehr kochende Brühe und lass sie darin ziehen, bis sie oben schwimmen.

Ein Rezept von:

ROXANNE LEISSRING

MONZENZINE.DE

Mangosorbet

ZUTATEN

- **Gestückelte gefrorene Mango**
- **Zucker (nach Geschmack)**
- **Zitronensaft (nach Geschmack)**
- **Pflanzensahne (für die Konsistenz)**

Nach Geschmack

- **Wodka**
- **Schwarzer Sesam**

1 Mixe die gefrorenen Mangostückchen zusammen mit dem Zucker und dem Zitronensaft sowie der Pflanzensahne. Je nach deinem Geschmack, kannst du eher ein fruchtiges Sorbet (ohne Sahne) oder eine cremige Sünde kreieren.

2 Zum Garnieren passt ein Schuss Wodka, sowie zur Dekoration etwas schwarzer Sesam perfekt.

WER KEINEN HOCHLEISTUNGSMIXER HAT, SONDERN Z.B. MIT EINEM PÜRIERSTAB ODER SMOOTHIE-MAKER AUSKOMMEN MUSS, DER WIRD ETWAS FLÜSSIGKEIT BENÖTIGEN, UM EINE SCHÖNE KONSISTENZ ZU ERHALTEN. PFLANZENSAHNE EIGNET SICH DABEI BESSER ALS WASSER, DA FETT BEKANNTLICH EIN FANTASTISCHER GESCHMACKSTRÄGER IST.

Ein Rezept von:
SIMON FERBER & ALINA SIELAFF
PURELIMON.DE

Maiscremesuppe mit Popcorn

ZUTATEN FÜR 4 PORTIONEN

- **570 g Mais (2 Dosen)**
- **200 g Kartoffel**
- **50 g Pastinake**
- **½ Zwiebel (40g)**
- **550 ml Reismilch**
- **100 ml Sojacuisine**
- **2 TL Salz**
- **Prise Paprika**
- **Prise Kurkuma**
- **2 EL Popcornmais**
- **1 EL Margarine**

1 Kartoffel und Pastinake kleinschneiden und weichkochen.

2 Zwiebel kleinschneiden. Anschließend zusammen mit dem Mais und der Margarine in einem Topf etwas andünsten. Danach Kartoffel, Pastinake und alle anderen Zutaten untermischen und fein pürieren. (Am besten im leistungsstarken Mixer, geht aber auch mit Pürierstab!)

3 Den Popcornmais wie auf der Packung angegeben zubereiten und salzen. Einige als Topping auf die Suppe geben und anschließend servieren.

Menü 5

“ALS STARTER UNSERES MENÜS GIBT'S EIN BISSCHEN KINO GEPAART MIT URIGEM GASTHOF. DIE MAIS-POPCORN-SUPPE BRINGT ETWAS ABWECHSLUNG INS SUPPEN-VORSPEISEN-PROGRAMM UND BIETET MIT ETWAS PEPP UND WÜRZE DIE PERFEKTE ÜBERLEITUNG ZUM DEFTIGEN HAUPTGERICHT.”

Ein Rezept von:

SIMON FERBER & ALINA SIELAFF

PURELIMON.DE

DER DEFTIGE HAUPTGANG PASST HERVORRAGEND AUF DIE WEIHNACHTSTAFEL. UNSER WÜRZIGER BRATEN IN KOMBINATION MIT KNACKIGEM TEIG WIRD DURCH DIE SPINAT-SEMMELKNÖDEL UND DIE CREMIGE SOSSE PERFEKT ABGERUNDET.

Linsenrouladen im Teigmantel mit Spinat-Semmelknödeln & Pilzrahmsauce

ZUTATEN FÜR 4 PORTIONEN

Linsenrouladen:

- 80 g Sonnenblumenkerne
- 150 g Belugalinsen
- 150 g Berglinsen
- 40 g Cashews
- 40 g Walnüsse
- 100 g Räuchertofu
- ½ Zwiebel
- 4 EL Dinkelmehl
- 2 EL Sojasoße
- 1 Knoblauchzehe
- 1 TL Tandoori Gewürz
- 4 TL Gemüsebrühe
- 1 TL Koriander
- 2 TL Tomatenmark
- 2 Msp. Smoked Paprika
- Prise Chili
- Prise Muskatnuss
- Pfeffer zum Abschmecken

Teig:

- 300 g Dinkelmehl Typ 630
- 150 g Margarine
- 60 ml Milch
- 2 TL Backpulver
- Prise Salz

Spinat-Semmelknödel mit Röstzwiebeln:

- 450 g Semmelbrösel
- 300 g Tiefkühlspinat
- 525 ml Reismilch
- 6 EL Röstzwiebeln
- 2 handvoll Petersilie
- Prise Muskatnuss
- Salz & Pfeffer

Pilzrahmsoße:

- 800 g braune Champignons
- 1 Zwiebel
- 2 EL Dinkelmehl
- 4 TL Gemüsebrühe
- 200 ml Wasser
- 400 ml Sojacuisine
- 2 EL Creme Vega
- Prise Thymian, Rosmarin, Pfeffer, Knoblauch

1 Für die **Linsenrouladen im Teigmantel** die Linsen zusammen in einem Topf kochen. Die Sonnenblumenkerne in etwas Wasser einweichen und anschließend abgießen. Die Nüsse fein mixen. Zwiebeln, Knoblauch und Tofu kleinschneiden.

2 Die gekochten Linsen zusammen mit allen anderen Zutaten in eine Schüssel geben, vermischen und mit den Händen gut durchkneten, bis eine teigige Masse entsteht. Die Masse mit Pfeffer abschmecken. In einer anderen Schüssel die Zutaten für den Teig mischen und kneten bis ein glatter Teig entsteht.

3 Den Teig 3 – 5 mm dick ausrollen und in 6 gleichgroße Stücke schneiden. Die Bratenmasse auf die Teigfladen geben und gleichmäßig verteilen. Die Rouladen einrollen und für 15 – 20 Minuten bei 200°C Ober-und Unterhitze backen.

4 Für die **Spinat-Semmelknödel mit Röstzwiebeln** den Spinat auftauen & abtropfen lassen. Die Petersilie kleinhacken. In einer Schüssel alle Zutaten gut durchmischen. Knödel aus der Masse formen. In siedendem Wasser die Knödel ca. 15 Minuten garen.

5 Für die **Pilzrahmsoße** die Zwiebel mit einer Prise Thymian und Rosmarin in etwas Öl glasig anbraten. Danach die Pilze dazu und mit einer Prise Knobipulver scharf anbraten. Das Mehl verstreut in die Pfanne geben und die Pilze darin etwas wälzen. Die Gemüsebrühe im Wasser lösen und die Pilze ablöschen. Sojacuisine & Creme Vega unterrühren und ca. 15 Minuten mit Deckel köcheln lassen. Mit Pfeffer abschmecken.

Ein Rezept von:

SIMON FERBER & ALINA SIELAFF
PURELIMON.DE

Spekulatius Tiramisu

ZUTATEN FÜR 4 PORTIONEN

- **200 g Sojajoghurt**
- **150 g Creme Vega (2 Becher)**
- **15 g brauner Zucker**
- **3 EL Stärke**
- **½ TL Zimt**
- **200 g Spekulatiuskekse**
- **Etwas Kaffee & Kakao**

1 Den Joghurt mit Creme Vega, Zucker und Zimt gut vermischen. Anschließend die Stärke unterrühren.

2 100 g der Kekse zerbröseln und mit etwas Kaffee übergießen, sodass eine feste teigartige Konsistenz entsteht. Die Masse als Boden in kleinen Gläsern verteilen. Danach die erste Schicht Creme etwa 1cm dick darüber verteilen.

3 Den Rest der Kekse zerbröseln und über die Creme geben. Anschließend die restliche Creme über die Kekse verteilen. Die Gläser für mindestens 4 Stunden kaltstellen. Danach mit etwas Kakao bestreuen und servieren.

„DER KLASSIKER UNTER DEN NACHTISCHEN RUNDET UNSER MENÜ AB. DIE WEIHNACHTLICHE VARIANTE MIT SPEKULATIUSKEKSEN IST BEQUEM IN WENIGEN MINUTEN VORBEREITET UND LÄSST DAS GEMEINSAME ESSEN GEMÜTLICH AUSKLINGEN. NACH BELIEBEN KANNST DU ZUSÄTZLICH GERNE EINE REIFE, ZERDRÜCKTE BANANE UNTER DIE CREME MISCHEN. AUCH DAS SCHMECKT SUPER!“

Ein Rezept von:

ALEXANDRA SKIRDE

RAWANDSEXY.DE

Raw Sushi

Menü 6

ZUTATEN

- **1 mittelgroßer Blumenkohl – grob zerkleinert**
- **4 – 5 EL Mandelpüree**
- **4 – 5 EL Tamari oder Sojasoße**
- **4 Noriblätter**
- **Dünne Gemüsestreifen als Füllung – z.B. von Möhren, Gurken, Avocados, Tomaten etc.**
- **1 Schnapsgläschen Apfelessig oder Wasser als „Kleber" für die Rollen**

1. Den Blumenkohl mit Hilfe des Food-Prozessors hacken, bis er die Größe von Reiskörnern hat.
2. Anschließend Mandelpüree und Tamari unterrühren – es sollte ein klebriger „Reis" entstehen – ggf. noch etwas Mandelpüree dazugeben.
3. Ein Noriblatt mit der glänzenden Seite nach unten auf ein Brettchen legen und ca. 2 – 3 EL von dem Blumenkohlreis auf die unteren zwei Drittel des Blattes verteilen.
4. Mit Gemüsestreifen in der Mitte belegen. Rolle nun das Noriblatt von der Reisseite her vorsichtig auf – entweder mit Hilfe einer Bambusmatte oder einfach mit den Händen: Nimm die untere rechte und linke Ecke des Noriblattes, auf dem der „Reis" aufliegt, und fange an zu rollen.
5. Betupfe den oberen Rand des Noriblattes mit ein klein wenig Apfelessig oder Wasser und rolle die Sushirolle nun fertig.
6. Zerteile die Rolle mit einem scharfen Messer in 5 – 6 Stücke. Verfahre ebenso mit den restlichen Zutaten.

„DU KANNST ANSTELLE DES BLUMENKOHLS AUCH PASTINAKEN ODER KOHLRABI NEHMEN. DEN BLUMENKOHLREIS ESSE ICH OFT SEHR GERNE AUCH EINFACH „PUR" ODER MIT EINIGEN TOMATENSTÜCKEN, KORIANDER, ERBSEN, ZWIEBELCHEN ETC. VERMISCHT. **DAZU PASST:** TAMARI BZW. SOJASOSSE, WASABI, INGWER UND EIN DIPP AUS GETROCKNETEN PFLAUMEN GEMIXT MIT CHILI, WASSER, TAMARI BZW. SOJASOSSE, INGWER, KNOBI UND FRISCHEM LIMETTENSAFT."

Ein Rezept von:

ALEXANDRA SKIRDE
RAWANDSEXY.DE

Raw Würzig gefüllte Paprika

MIT ELEGANTEN PISTAZIEN-VANILLE-GNOCCHI AN TOMATEN-SCHOKI-ROSMARIN-DIPP MIT KARAMELLISIERTEN ZWIEBELN

ZUTATEN

Für die gefüllte Paprika:

- 2 Paprikaschoten, halbiert & entkernt, die Hälften längs in je 3 Stücke geschnitten

Champignon-Pesto:

- 180 g Champignons, gewaschen und grob gewürfelt
- 4 Medjoul-Datteln, entsteint
- 8 getrocknete Tomaten
- 1 kleine Zwiebel, geschält und grob gewürfelt
- 1 Knoblauchzehe
- 2 EL Apfelessig
- 5 EL Olivenöl
- 2 TL Paprika edelsüß
- Je 1 TL Rosmarin, Thymian, Oregano
- Salz nach Belieben

Cashew-Creme:

- 150 g Cashews
- 1 Knoblauchzehe
- Saft einer ½ Zitrone
- 2 EL Olivenöl
- Ca. 100 ml Wasser
- Salz nach Belieben

Pistazien-Vanille-Gnocchi (ca. 40 Stück)

- 100 g ungesalzene und ungeröstete Pistazien, fein gemahlen
- 1 EL Mandelpüree
- 4 EL Flohsamenschalen
- Saft einer ½ Zitrone
- ½ TL Vanillepulver bzw. frisch ausgekratzte Vanilleschote
- Salz nach Belieben
- Ca. 100 ml Wasser

Karamellisierte Zwiebeln:

- 1 große Zwiebel, geschält & in hauchdünne Streifen gehobelt

- 2 Medjoul-Datteln, entsteint
- 2 EL Tamari oder Sojasoße
- 1½ EL Olivenöl
- 2 EL Wasser

Tomaten-Schoki-Rosmarin-Dipp

- 40 g getrocknete Tomaten
- 3 Medjoul-Datteln, entsteint
- 1 mittelgroße frische Tomate, grob gewürfelt
- 60 ml Wasser
- 1 TL Paprikapulver edelsüß
- 2 EL Olivenöl
- 1 EL Apfelessig
- 1 EL Kakaopulver (100% Kakao, schwach entölt)
- 1 TL Rosmarin, frisch oder getrocknet
- Salz & Chili nach Belieben

1 **Champignon-Pesto:**
Gib die Zutaten für das Champignon-Pesto in den Food-Prozessor und verarbeite alles zu einer cremigen, nicht zu flüssigen Paste.

2 **Cashew-Creme:**
Gib alle Zutaten in einen Blender oder Mixer und mixe eine homogene Creme. Ist die Creme zu flüssig, gib ein paar Cashews hinzu. Ist die Creme zu fest, füge etwas mehr Flüssigkeit hinzu (ganz nach Belieben: Zitrone, Olivenöl oder Wasser).

3 **Fertigstellung der gefüllten Paprika:**
Fülle nun jedes Paprikastück mit 1 – 2 EL des Champignon-Pestos. Beträufle das Pesto mit der Cashew-Creme. Gib nun die gefüllten Paprika für ca. 10 – 15 Stunden bei 37°C auf das Gitter des Dörrgerätes. Alternativ geht auch der Backofen: bei 50°C Umluft – die Tür des Backofens leicht geöffnet (z.B. mit Hilfe eines zwischen Backofen und Backofen-Tür geklemmten Holz-Kochlöffels).

4 **Pistazien-Vanille-Gnocchi:**
Gib alle Zutaten in eine Schüssel und verrühre sie zu einem gleichmäßigen Teig. Forme aus dem Teig eine Rolle (ca. 1 cm Durchmesser) und schneide sie in ca. 40 gleichgroße Scheiben. Ist der Teig zu bröselig, gib noch etwas Wasser hinzu. Ist er zu wässrig, füge noch 1 EL Flohsamenschalen hinzu. Sei bitte nicht zu schnell mit dem Wasser – innerhalb von 1 – 2 Minuten ziehen die Flohsamenschalen an, so dass der Teig etwas stabiler wird. Lege die 40 Scheiben auf das Gitter des Dörrgerätes und drücke in jedes „Gnocchi-Scheibchen" mit der Unterseite einer Gabel das typische Gnocchi-Muster ein. Dörre die Gnocchi nun ca. 1 – 2 Std. bis zur gewünschten Konsistenz.

5 **Karamellisierte Zwiebeln:**
Im Blender alle Zutaten für die Marinade zur homogenen Creme mixen. Anschließend mit den Zwiebelscheiben gut vermischen. Verteile die marinierten Zwiebeln auf der Paraflexx-Folie des Dörrgerätes und dörre sie bis zur gewünschten Konsistenz ca. 5 – 10 Std. bei 37°C – wende die Zwiebelringe ruhig nach einigen Stunden.

6 **Tomaten-Schoki-Rosmarin-Dipp:**
Mixe alle Zutaten im Blender oder Mixer zu einer Tomaten-Schoki-Creme – gib noch etwas Wasser hinzu, falls die Creme zu fest sein sollte.

7 **Finish:**
Gib auf jeden Teller einige gefüllte Paprika und Gnocchi – beträufle die Teller mit dem Dipp und vervollständige das Gericht mit den karamellisierten Zwiebeln und etwas Salat. Die unterschiedlichen Geschmacksvariationen auf dem Teller lösen Gaumenfreuden der Extraklasse aus.

Ein Rezept von:

ALEXANDRA SKIRDE

RAWANDSEXY.DE

„SCHMECKT AUCH TOLL, WENN DU STATT ERDNUSSMUS TAHINI VERWENDEST. FALLS DU DEN KONTRAST MIT SALZ NICHT MAGST, LASS ES WEG UND VERWENDE ETWAS ZIMT ODER TAHINI MIT VANILLE. DU KANNST AUCH DAS SALZ WEGLASSEN UND DAS ERDNUSSMUS GEGEN HASELNUSSMUS TAUSCHEN – SO BEKOMMST DU EINE „NUTELLA-TORTE"!"

Raw Peanut Salted Caramel Slice

ZUTATEN FÜR EINE CA. 15 CM X 20 CM AUFLAUFFORM

Dattelpaste:

- **150 g entsteinte Medjoul Datteln mit**
- **80 ml Wasser im Blender zur Paste mixen**

Für den Teig:

- **$^2/_3$ der Dattelpaste**
- **120 g Buchweizen (vorher 1 Std. in Wasser eingeweicht – anschl. gut abgespült)**
- **120 g Cashews**
- **2 EL Erdnussmus**

Zutaten für die Creme:

- **$^1/_3$ der Dattelpaste**
- **2 EL Mandelpüree**
- **3 EL Erdnussmus**
- **1 EL Kokosöl**
- **1 EL Salzsole**

Schoko-Topping:

- **6 EL geschmolzenes Kokosöl**
- **4 EL Rohkost Kakao-Pulver**

1 **Vorbereitung**
Lege eine ca. 15 cm x 20 cm Auflaufform mit Backpapier aus. Ich schneide es immer zurecht, so dass es an den Längsseiten über die Auflaufform nach außen einige Zentimeter drüber hängt – so kann ich das Törtchen nach der Kühlzeit besser aus der Form nehmen und in Stücke schneiden. Damit das Backpapier in der Form bleibt, verteile ich einige Spritzer Wasser in der Form und gebe das Papier anschließend hinein.

2 **Teig**
Verarbeite alle Zutaten im Food-Prozessor zum Teig und verteile ihn gleichmäßig auf dem Backpapier in der Auflaufform. Übrigens kannst du die eingeweichten Buchweizen im Dörrgerät trocknen lassen und mit dem Mahlaufsatz zu Mehl verarbeiten – ebenso die Cashews – so wird der Teig viel feiner.

3 **Creme**
Alle Zutaten in einer Schüssel gut vermengen und auf dem Teig gleichmäßig verstreichen.

4 **Schoko-Topping**
Verrühre das geschmolzene Kokosöl mit dem Kakaopulver und träufle es über die Creme.

5 **Finish**
Gib das Törtchen für circa eine Stunde in den Kühlschrank, damit die Schoki fest und knackig werden kann.

Verwende idealerweise sämtliche Nussmuse und -pürees in Rohkostqualität. Gib für den Extra-Crunch rohe Kakao-Nibs, Buchweizen, geschälte Hanfsamen und/oder Erdnuss-Stückchen hinzu.

Ein Rezept von:

SEBASTIAN SCHWARZ & TAMARA MÜNSTERMANN-PIETA
SIMPLY-VEGAN.ORG

Maronen-Trüffel-Suppe mit Rote-Bete-Chips und gehackten Pistazien

Menü 7

ZUTATEN FÜR 4 PORTIONEN

- **5 EL Trüffelöl**
- **1 Schalotte**
- **1 Knoblauchzehe**
- **400 g Maronen (vorgekocht)**
- **1200 ml Gemüsebrühe**
- **500 ml Soja-Cuisine**
- **Salz und Pfeffer**
- **1 rote Bete (gekocht)**
- **20 g Pistazien**

1 Drei Esslöffel Trüffelöl in einem großen Kessel erhitzen. Die Schalotten schälen und anschließend fein hacken. Die Knoblauchzehe ebenfalls schälen und in dünne Scheiben schneiden. Schalotte im Trüffelöl glasig dünsten. Anschließend Knoblauch hinzugeben und zwei Minuten lang mit anrösten. Die Maronen ebenfalls hinzugeben und kurz mit anrösten. Danach mit Gemüsebrühe ablöschen und auf niedriger Stufe etwa 10 – 15 Minuten lang köcheln lassen.

2 In der Zwischenzeit die gekochte rote Bete in Scheiben schneiden. In einer Pfanne das übrige Trüffelöl erhitzen und die Rote Bete darin kross anbraten, bis diese knusprig wird. Mit Salz und Pfeffer würzen.

3 Die Pistazien grob hacken. Soja-Cuisine in die Suppe einrühren und mit Salz und Pfeffer abschmecken. Die Suppe gleichmäßig auf vier Portionen verteilen. Je zwei bis drei Rote-Bete-Chips darauf geben und die gehackten Pistazien darüber streuen.

“ DIESE SUPPE LÄSST SICH AUCH AM VORTAG SCHON SUPER VORBEREITEN UND AN HEILIGABEND ODER DEN FEIERTAGEN WIEDER AUFWÄRMEN. SO WIRD ES ÜBER DIE FESTTAGE NICHT ALLZU STRESSIG! LEDIGLICH DIE ROTE-BETE-CHIPS SOLLTEN FRISCH AUSGEBACKEN WERDEN, DAMIT DIESE BEIM SERVIEREN AUCH SCHÖN KNUSPRIG SIND. ”

Ein Rezept von:

SEBASTIAN SCHWARZ & TAMARA MÜNSTERMANN-PIETA

SIMPLY-VEGAN.ORG

Pilz-Tofu-Braten mit Süßkartoffelstampf und Rosenkohl

ZUTATEN FÜR 4 PORTIONEN

Für den Pilz-Tofu-Braten:

- 2 Schalotten
- 1 Knoblauchzehe
- 3 EL Rapsöl
- 100 g Pfifferlinge
- 300 g Räuchertofu
- 2 EL Tomatenmark
- 3 TL Senf
- 150 g Kidneybohnen
- 1 Rote Bete (gekocht)
- 3 EL Sojasoße
- 1 TL Oregano
- 2 TL Rauchpaprika
- Salz und Pfeffer
- 200 g Kichererbsenmehl
- 1 Rolle veganer Blätterteig
- Etwas Soja-Cuisine

Für das Süßkartoffel-stampf:

- 4 Süßkartoffeln
- 2 EL pflanzliche Margarine
- 1 Schuss Soja-Cuisine
- ½ TL Zimt
- Etwas Muskat (frisch gerieben)
- Salz

Für den Rosenkohl:

- 1 kg Rosenkohl
- 3 EL Rapsöl
- Salz und Pfeffer
- 2 EL Agavendicksaft
- 1 EL Sojasoße

1 Die Schalotten und die Knoblauchzehe schälen und fein hacken. In einer Pfanne das Rapsöl erhitzen. Die Schalotten darin glasig dünsten. Knoblauch hinzugeben und einige Minuten mit anrösten. Pfifferlinge putzen und grob hacken, dann mit in die Pfanne geben und anbraten. In der Zwischenzeit den Räuchertofu mit Hilfe einer Gabel zerbröseln. Räuchertofu gemeinsam mit Tomatenmark und Senf in eine Schüssel geben. Die gebratenen Pilze und Zwiebeln mit dazugeben und alles mit einem Pürierstab fein pürieren. Die Kidneybohnen mit in die Schüssel geben.

2 Die vorgekochte Rote Bete würfeln und ebenfalls mit dazugeben. Dann erneut alles gut pürieren. Sojasoße, Oregano und Rauchpaprika zu der Masse geben und gut vermischen. Mit Salz und Pfeffer abschmecken. Zuletzt das Kichererbsenmehl unterheben und mit der Masse gut vermischen. Den Backofen auf 180°C (Umluft) vorheizen. Blätterteig auslegen. Die Pilz-Tofu-Masse mit den Händen zu einer dicken Wurst rollen, auf den Blätterteig geben und damit einschlagen. Den Braten umdrehen, sodass der Übergang der Blätterteigenden unten liegt. Die Oberseite mit einem Messer schräg einritzen. Abschließend den Braten mit etwas Soja-Cuisine bepinseln. Nun für 45 Minuten backen bis der Blätterteig leicht bräunlich wird.

3 Während der Braten im Backofen ist, können die Beilagen vorbereitet werden. Die Süßkartoffeln schälen, in Würfel schneiden und in einem Kessel mit Wasser zum Kochen bringen. Für etwa zehn Minuten kochen lassen. Anschließend das Wasser abgießen, Margarine und Soja-Cuisine mit in den Kessel geben und die Kartoffeln zerstampfen. Mit Zimt und Muskat würzen und mit Salz abschmecken.

4 Rosenkohl putzen, äußere Blätter entfernen und in Hälften schneiden. In einer Pfanne das Rapsöl erhitzen und den Rosenkohl hineingeben. Rosenkohl etwa zehn Minuten lang anrösten bis er leicht bräunlich wird. Mit Salz und Pfeffer würzen. Abschließend mit Agavendicksaft und Sojasoße ablöschen und bei niedriger Hitze weitere zwei Minuten lang anbraten.

5 Den Braten aus dem Ofen nehmen und mit einem scharfen Messer in Scheiben schneiden. Gemeinsam mit dem Süßkartoffelstampf und dem Rosenkohl servieren.

“ WIR HABEN DEN BRATEN OHNE SOSSE GEGESSEN, DA ER RELATIV SAFTIG IST UND WIR DEN LECKEREN GESCHMACK NICHT ÜBERDECKEN WOLLTEN. WER JEDOCH GERNE AUCH EINE SOSSE DAZU SERVIEREN MÖCHTE, DEM EMPFEHLEN WIR EINE KLASSISCHE BRAUNE BRATENSOSSE! ALTERNATIV PASSEN ALS BEILAGE AUCH ROTKOHL, BOHNEN ODER KLÖSSE DAZU. ”

Ein Rezept von:

SEBASTIAN SCHWARZ & TAMARA MÜNSTERMANN-PIETA
SIMPLY-VEGAN.ORG

Zimtcreme mit frischem Apfelmus und Karamell-Mandeln

ZUTATEN FÜR 4 PORTIONEN

Für das Apfelmus:

- **650 g Äpfel**
- **165 ml Apfelsaft**
- **Saft einer Zitrone**
- **1/2 TL Zimt**
- **50 g Rohrohrzucker**
- **1 Vanilleschote**

Für die Zimtcreme:

- **200 g veganer Soja-Quark**
- **100 g veganer Frischkäse Natur**
- **1 Pk. Vanillezucker**
- **1/2 TL Zimt**
- **40 g Puderzucker**

Für die Karamell-Mandeln:

- **65 g Mandeln**
- **15 g pflanzliche Margarine**
- **35 g Rohrohrzucker**

1. Die Äpfel schälen, vierteln und die Kerngehäuse entfernen. In Würfel schneiden und gemeinsam mit dem Apfel- und Zitronensaft in einen Kessel geben. Zimt und Rohrohrzucker hinzugeben.

2. Vanilleschote längs halbieren und mit einem Messer das Vanillemark herauskratzen. Dieses mit zu den Äpfeln geben. Die Äpfel aufkochen, dann auf niedriger Flamme einkochen, bis die Äpfel zerfallen. Zwischendurch umrühren, wenn nötig mit einem Kartoffelstampfer etwas nachhelfen. Apfelmus anschließend abkühlen lassen.

3. Den veganen Soja-Quark gemeinsam mit dem Frischkäse Natur in eine Rührschüssel geben. Puderzucker und Vanillezucker hinzugeben und mit einem Schneebesen schaumig schlagen.

4. Abschließend Zimt hinzugeben und unterrühren. Das abgekühlte Apfelmus und die Zimtcreme gleichmäßig in die Gläser übereinander schichten.

5. Die Mandeln mit einem scharfen Messer grob hacken. In einer kleinen Pfanne die Margarine schmelzen. Gehackte Mandeln und Rohrzucker in die Pfanne geben und rühren, bis der Zucker karamellisiert. Die Mandeln aus der Pfanne nehmen und auf dem Dessert verteilen.

„APFEL, NÜSSE UND ZIMT – EINE KOMBINATION, DIE PERFEKT ZU WEIHNACHTEN PASST. ALS ALTERNATIVE EIGNEN SICH STATT MANDELN AUCH WALNÜSSE SEHR GUT. AUSSERDEM KANNST DU NATÜRLICH AUCH ANDERE FRÜCHTE FÜR DAS MUS NUTZEN WIE BIRNEN ODER CRANBERRIES. ERLAUBT IST, WAS SCHMECKT."

Ein Rezept von:

TIMO FRANKE

TIMO-FRANKE.COM

Apfel-Meerrettich-Tartar

AUF RAPUNZELSALAT AN GEWÜRZ-CHAMPAGNER-DRESSING MIT BLUTORANGE & ROTWEINSCHALOTTEN GARNIERT

ZUTATEN FÜR 4 PORTIONEN

Für das Tartar:

- **1 Zwiebel**
- **2 Zehen Knoblauch**
- **1 Apfel**
- **50 g Meerrettich**
- **1 Zitrone**
- **115 g veganer „Sahne"-Meerrettich**
- **Olivenöl**
- **Salz & Pfeffer**
- **1 Prise Zimt**

Außerdem:

- **200 g Rapunzelsalat**
- **500 g Schalotten**
- **2 Knoblauchzehen**
- **500 ml Rotwein**
- **150 ml Gemüsebrühe**
- **2 Zweige Rosmarin**
- **1 Zweig Thymian**
- **1 Lorbeerblatt**
- **20 g Alsan**
- **1 Prise Muskatnuss**
- **Salz & Pfeffer**
- **80 ml Champagner**
- **20 ml Champagner-Essig**
- **50 ml Traubenkernöl**
- **2 TL Zucker**
- **Je ½ TL Kardamom, Muskatnuss, Nelken & Zimt**
- **1 Blutorange**

1 Zwiebel und Knoblauch schälen und fein würfeln. Apfel waschen und mithilfe einer Küchenreibe fein reiben. Zitronenabrieb sowie Saft einer Zitrone zum Apfel hinzufügen. Meerrettich schälen und ebenso fein raspeln. Den Meerrettich mit Zwiebeln, Knoblauch, geriebenem Apfel, „Sahne"-Meerrettich und 4 EL Olivenöl vermischen. Zimt hinzugeben und mit Salz und Pfeffer abschmecken.

2 Zum Anrichten wird eine Speisering benötigt, ca. 7 cm Durchmesser.

3 Rapunzelsalat waschen, vorsichtig schleudern und auf die Seite stellen.

4 Schalotten schälen und vierteln. Knoblauch schälen und klein hacken. Alsan in einen Topf geben. Knoblauch hinzufügen und Schalotten darin anbraten lassen.

5 Mit Rotwein und Gemüsebrühe ablöschen. Rosmarin, Thymian, Muskatnuss und das Lorbeerblatt hinzugeben. Die Masse bei mittlerer Hitze und unter gelegentlichem Rühren für ca. 30 Minuten köcheln lassen.

6 Die Blutorange schälen und in hauchdünne Scheiben filetieren.

7 Für das Dressing Champagner, Champagner-Essig, Traubenkernöl, Zucker sowie die Gewürze miteinander vermischen.

8 Speisering auf Teller stellen. Apfel-Meerrettich-Tartar hineingeben, etwas festdrücken. Rapunzelsalat rundherum verteilen und mit dem Dressing großzügig beträufeln.

9 Den Speisering lösen und anschließend die Rotweinschalotten über dem Tartar verteilen.

Menü 8

Ein Rezept von:

TIMO FRANKE
TIMO-FRANKE.COM

Rotkohl-Orangen-Süppchen

MIT KNOBLAUCH-INGWER-KRACHERLE

ZUTATEN FÜR 4 PORTIONEN

- **700 g Rotkohl**
- **2 Äpfel**
- **4 Orangen**
- **1 Speisezwiebel**
- **1 Knoblauchzehe**
- **100 ml Gemüsebrühe**
- **1 unbehandelte Zitrone**
- **1 Prise Zimt**
- **2 Limettenblätter**
- **4 Scheiben Toastbrot**
- **4 g Ingwer (gemahlen)**
- **2 Zweige Gundermann**
- **1 Prise essbares Blattgold**
- **Öl**
- **Salz**
- **Pfeffer**

1 Rotkohl und Äpfel in kleine Stücke schneiden. Orangen schälen und ebenfalls in kleine Stückchen schneiden. Zwiebel und Knoblauch schälen und fein hacken.

2 Anschließend die Zitrone abwaschen und die Schale de Zitrone mit einer kleinen Küchenreibe feinraspeln. Danach die Zitrone halbieren und den Saft auspressen.

3 Öl in einem Topf erhitzen. Zwiebel- und Knoblauchwüfel darin andünsten. Rotkohl-, Apfel- und Orangenstückchen hinzugeben und mit andünsten.

4 Zimt, Zitronensaft und Limettenblätter hinzugeben.

5 Alles mit Gemüsebrühe ablöschen und bei schwacher Hitze ca. 15 Minuten köcheln lassen.

6 Währenddessen das Toastbrot in ca. 1 cm große Würfel schneiden. Etwas Öl in einer beschichteten Pfanne erhitzen und die Würfel von allen Seiten anrösten, bis sie goldbraun sind. Mit dem gemahlenen Ingwer, Salz und Pfeffer abschmecken.

7 Die Suppe mit eine Hochleistungsmixer feinpürieren. Gundermann kleinhacken. Suppe in gewünschte Schälchen verteilen und mit Gundermann und etwas Blattgold garnieren.

Ein Rezept von:

TIMO FRANKE
TIMO-FRANKE.COM

Kürbis-Pastinaken-Strudel

AN FRUCHTIGER ZWETSCHGEN-SPÄTBURGUNDERJUS MIT WIRSING & LAUCHESPUMA

ZUTATEN FÜR 4 PORTIONEN

Strudel & Jus:

- 250 g Mehl
- 130 ml Wasser
- 2 EL Öl
- 1 Prise Salz
- 350 g Kürbis
- 300 g Pastinaken
- 1 Speisezwiebel
- 2 kleine Knoblauchzehen
- 50 g Pflanzenmargarine
- 1 Zweig Rosmarin
- 2 Nelken
- 2 Sternanis
- Frisch geriebene Muskatnuss
- 250 ml Weißwein
- 250 ml Gemüsebrühe
- 3 EL Pflanzenmargarine
- 80 g Zwetschgenmarmelade
- 1 EL Cashewmus
- 250 ml Hafersahne
- Soßenbinder nach Belieben

Wirsing & Espuma:

- 1 Wirsing
- 350 ml Hafersahne
- 1 Prise Muskatnuss
- 100 g mehligkochende Kartoffeln
- 70 g Lauch

- Öl
- 100 ml Gemüsebrühe
- 60 ml Weißwein
- 30 ml Zitronensaft
- Salz
- Pfeffer

Sonstiges:

- ISI-Flasche für den Espuma

1 Mehl, Wasser, 1 EL Öl und Salz zu einem glatten Teig verkneten. Den Teig mit 1 El Öl bestreichen und für ca. 45 Minuten zugedeckt bei Zimmertemperatur ruhen lassen.

2 Kürbis waschen und in ca. 1 cm große Würfel schneiden. Pastinaken schälen und in ca. 0,5 cm große Scheiben schneiden. Speisezwiebel und Knoblauch schälen und fein hacken.

3 Zwiebeln und Knoblauchwürfelchen in 10 g Pflanzenmargarine andünsten. Rosamarinzweige hinzugeben. Kürbiswürfel und Pastinakenscheiben ebenso hinzugeben und für einige Minuten ebenfalls andünsten. Nelken und Sternanis hinzugeben und eine Prise frisch geriebene Muskatnuss darüberstreuen.

4 Anschließend mit Weißwein ablöschen und mit Gemüsebrühe aufgießen. Bei geschlossenem Topf alles für 15 Minuten bei schwacher Hitze bissfest garen.

5 Danach den Kürbis und die Pastinake mithilfe eines Siebes abschütten und den Gemüsebrühe-Gewürz-Fond auffangen. Rosmarin entnehmen und den Fond weiterhin bei mittlerer Hitze reduzieren lassen.

6 Backofen auf 180°C vorheizen. Den Teig zu einem gleichmäßigen Rechteck ausrollen und die Kürbis-Pastinaken-Masse auf das untere Drittel geben. Die Seiten etwas einschlagen und den Teig zu einem Strudel aufrollen. Die Margarine in einem kleinen Topf zum Schmelzen bringen. Strudel mit der Teignaht nach unten auf ein mit Backpapier ausgelegtes Backblech legen. Anschließend mit einem Pinsel die flüssige Margarine auf dem Strudelteig gleichmäßig verteilen. Für 30 Minuten im Ofen backen.

7 Währenddessen die Kartoffeln für den Lauchespuma schälen und vierteln. Lauch waschen und in 1 cm große Ringe schneiden. In etwas Öl in einem Topf kurz anschwitzen und mit Weißwein und Gemüsebrühe ablöschen. Bei schwacher Hitze köcheln lassen bis die Kartoffeln gar sind. 100 ml Hafersahne hinzugeben und fein pürieren. Mit Zitronensaft verfeinern und mit Salz und Pfeffer abschmecken.

8 Anschließend Zwetschgenmarmelade, Cashewmus und 250 ml Hafersahne zum reduzierten Fond unter Rühren hinzugeben. Mit Salz und Pfeffer abschmecken. Etwas Soßenbinder nach Belieben hinzufügen und erneut aufkochen lassen.

9 Wirsing waschen und in feine Streifen schneiden. Mit etwas Öl in einem Topf anbraten und mit 250 ml Hafersahne ablöschen. Für 5 Minuten bei schwacher Hitze bissfest garen. Mit Salz, Pfeffer und einer Prise Muskatnuss abschmecken.

10 Den Strudel in vier gleichgroße Stücke schneiden und mit der Zwetschgen-Spätburgunder-Jus begießen. Wirsing hinzugeben und die Kartoffel-Lauch-Masse mit Hilfe einer ISI-Flasche als perfekten Schaum garnieren.

Ein Rezept von:

TIMO FRANKE

TIMO-FRANKE.COM

Apfelstrudel Südtiroler Art

AUF VANILLESOSSE MIT PINIENKERNEN, MARZIPAN & TONKABOHNE VERFEINERT

ZUTATEN FÜR 4 PORTIONEN

Für den Strudel

- **300 g Mehl**
- **2 TL Backpulver**
- **200 g Alsan**
- **100 g Puderzucker**
- **3 EL Apfelmus**
- **2 Vanilleschoten**
- **1 Zitrone**
- **700 g Äpfel**
- **50 g Marzipan**
- **60 g Zucker**
- **60 g Semmelbrösel**
- **50 g Rosinen**
- **40 g Pinienkerne**
- **2 EL Rum**
- **2 TL Zimt**
- **Tonkabohne**
- **20 ml Sojamilch**
- **Puderzucker zum Bestreuen**

Für die Vanillesoße

- **1 Vanilleschote**
- **250 ml Sojamilch**
- **1 EL Speisestärke**
- **1 TL Kurkumapulver**

1 Mehl und Backpulver in eine Schüssel geben. Mit der Hand eine kleine Mulde ins Mehl drücken und Alsan in kleine Stücke schneiden und hineingeben. Puderzucker, Apfelmus, Zitronenabrieb einer halben Zitrone und Mark einer Vanillenschote hinzugeben.

2 Alles zu einem glatten Teig verkneten. Anschließend in Frischhaltefolie wickeln und für 1½ Stunden im Kühlschrank ruhen lassen.

3 Äpfel schälen, vierteln, entkernen und in schmale Scheiben schneiden. Die Apfelscheiben in eine Schüssel geben. Marzipan in kleine Stückchen zupfen und zu den Äpfeln hinzugeben. Zucker, Semmelbrösel, Rosinen, Pinienkerne, Rum, Zimt und Abrieb einer halben Tonkabohne ebenso hinzufügen. Abrieb der zweiten Zitronenhälfte und Mark der zweiten Vanillenschote ebenfalls hinzugeben und alles gründlich vermengen.

4 Backofen auf 175°C vorheizen. Teig aus dem Kühlschrank nehmen und auf einer bemehlten Fläche zu einem ca. 30 x 40 cm großen Rechteck ausrollen. Ein Backblech mit Backpapier auslegen und den Teig darauf ausbreiten. Die Apfelmasse in die Mitte des Teiges geben und die beiden Teigenden über die Masse legen. Den Teig an den Enden mithilfe einer Gabel etwas zusammendrücken. Mit Sojamilch bestreichen und für ca. 30 – 40 Minuten backen.

5 Währenddessen Sojamilch mit dem Mark der Vanilleschote in einem Topf aufkochen lassen. Speisestärke mit 2 EL Wasser anrühren und in die kochende Sojamilch-Vanille-Flüssigkeit geben. Bei schwacher Hitze für weitere 5 Minuten unter ständigem Rühren köcheln lassen. Anschließend den Topf vom Herd nehmen und das Kurkumapulver mit einem Schneebesen unterrühren.

Ein Rezept von:

LEA GREEN

VEGGI.ES

Rote Bete-Birnen-Suppe mit Dill

ZUTATEN FÜR 4 PERSONEN

- **70 g Zwiebeln**
- **700 – 750 g frische Rote Bete**
- **350 g mehligkochende Kartoffeln**
- **1 Birne**
- **1 – 2 EL Kokosöl**
- **2 EL veganer Balsamico-Essig**
- **2 getrocknete oder frische Lorbeerblätter**
- **Saft von einer Zitrone**
- **Meersalz**
- **Schwarzer Pfeffer aus der Mühle**
- **1 Bund frischer Dill**
- **4 EL ungesüßter Pflanzenjoghurt**

1 Zwiebeln abziehen und fein würfeln. Rote Bete waschen, die Enden kappen und würfeln. Kartoffeln waschen, schälen und würfeln. Birne waschen, vierteln, das Kerngehäuse sowie den Stiel und den Strunk entfernen. Birne würfeln.

2 Kokosöl in einem Topf erhitzen. Zwiebeln darin 2 – 3 Minuten glasig dünsten. Rote Bete und Kartoffeln dazugeben und 2 – 3 Minuten anbraten. Mit Balsamico-Essig ablöschen und den Essig kurz einköcheln lassen. 800 ml Wasser angießen, die Lorbeerblätter in die Suppe geben und die Suppe 20 Minuten köcheln lassen.

3 Nach etwa 20 Minuten Kochzeit die Birnenwürfel hinzufügen und die Suppe nochmals 15 Minuten leise köcheln lassen.

4 Lorbeerblätter aus der Suppe entfernen. Suppe mit 2 EL Zitronensaft und einer kräftigen Prise Meersalz würzen. Suppe mit einem Schneidstab pürieren, nach Belieben mit Wasser strecken und nochmals mit Salz, Pfeffer, Balsamico-Essig und Zitronensaft abschmecken. Suppe bei Bedarf vor dem Servieren nochmals erhitzen.

5 Dill waschen, trockenschütteln und hacken. Suppe auf Schalen verteilen. Pro Portion 1 – 2 EL Pflanzenjoghurt kreisförmig einrühren und die Suppe mit Dill bestreut servieren.

Menü 9

Ein Rezept von:

LEA GREEN

VEGGI.ES

Tofusteaks mit Frühlingszwiebeln und Mangosalsa

ZUTATEN FÜR 2 PORTIONEN

Für den Tofu mit Frühlingszwiebeln

- **400 g Naturtofu**
- **2 EL Sojasoße**
- **1 TL Agavendicksaft**
- **1 EL Mirin**
- **1 EL Sesamöl**
- **1 Prise Meersalz**
- **4 Frühlingszwiebeln**
- **3 – 4 EL Kokosöl**
- **2 – 3 TL Zitronensaft**
- **2 EL geröstete Sesamkörner**

Für die Mangosalsa

- **1 Mango**
- **1 Frühlingszwiebel**
- **20 g frischer Ingwer**
- **½ Chilischote**
- **1 Handvoll frischer Koriander**
- **1 TL Agavendicksaft**
- **1 – 2 TL Zitronensaft**
- **1 EL Reisessig oder Apfelessig**
- **Grobe Chiliflocken**

1. Tofublock in neun Scheiben schneiden, mit Küchenkrepp trocken pressen und mit Sojasoße, Agavendicksaft, Mirin, Sesamöl und Meersalz rund eine Stunde marinieren.
2. Für die Salsa das Mangofruchtfleisch würfeln. Die Frühlingszwiebel fein schneiden und dazugeben. Ingwer schälen und das Fruchtfleisch mit einer Ingwerreibe zu den Mangostückchen reiben. Chilischote in Röllchen schneiden, Koriander hacken und beides mit den Mangowürfeln vermengen. Mangosalsa mit Agavendicksaft, Zitronensaft, Reisessig, Meersalz und Chiliflocken würzen.
3. Vier weitere Frühlingszwiebeln waschen, längs halbieren und mit 2 EL Kokosöl in einer Grillpfanne scharf anbraten. Frühlingszwiebelhälften mit Zitronensaft beträufeln und leicht salzen.
4. Die marinierten Tofustücke in einer Pfanne mit 1 – 2 EL Kokosöl von beiden Seiten 3 – 4 Minuten scharf anbraten. Zum Schluss die restliche Marinade über die Tofustücke geben und weitere 3 – 4 Minuten fertig braten.
5. Tofustücke mit Mangosalsa und gebratenen Frühlingszwiebeln anrichten. Das Gericht mit gerösteten Sesamkörnern bestreuen sowie mit Koriander garniert servieren.

Ein Rezept von:

LEA GREEN

VEGGI.ES

Black-Bean-Schokomousse mit Erdbeeren

ZUTATEN FÜR 2 – 4 PORTIONEN

- **1 Dose gekochte schwarze Bohnen (240 g Abtropfgewicht)**
- **80 g Medjoul-Datteln**
- **1 Prise Meersalz**
- **15 – 20 ml Espresso**
- **4 EL Ahornsirup**
- **2 TL gemahlener Zimt**
- **3 EL Zitronensaft**
- **6 EL Kakaopulver**
- **60 ml Pflanzendrink (z.B. Mandel- oder Haferdrink)**
- **3 EL Kakaonibs**
- **3 Erdbeeren (pro Portion)**

Zum Garnieren:

- **1 EL geschälte Hanfsamen + 6 Minz- oder Melisseblätter**

1. Schwarze Bohnen in ein Sieb abgießen, abbrausen und abtropfen lassen. Medjoul-Datteln entsteinen.
2. Bohnen mit Medjoul-Datteln, einer großen Prise Meersalz, Espresso, Ahornsirup, Zimt, Zitronensaft, Kakaopulver und Pflanzendrink im Mixer pürieren. 1 EL Kakaonibs unter die Mousse-Masse ziehen.
3. Erdbeeren waschen und dünn aufschneiden. In jedes Dessertglas 1 – 2 EL Schokomousse geben. Die Scheiben von jeweils zwei Erdbeeren an den Glasrand schichten. Restliche Schokomousse auf die Dessertgläser verteilen.
4. Restliche Kakaonibs über das Dessert streuen und mit Erdbeeren, geschälten Hanfsamen und Minzblättern garniert servieren.

"SAISONAL ANGEPASST KÖNNEN DIE ERDBEEREN IN DIESEM REZEPT AUCH WUNDERBAR DURCH ORANGENFILETS ODER MANDARINEN ERSETZT WERDEN. AUCH GRANATAPFELKERNE PASSEN PRIMA DAZU UND SETZEN MIT IHRER ANGENEHMEN SÄURE EINEN SCHÖNEN GESCHMACKSAKZENT ZUM SÜSSEN SCHOKOLADEN-MOUSSE."

Ein Rezept von:

PATRICK DAMM & ANNA KNETSCH
ZEITFUERVEGAN.DE

Cremige Blumenkohlsuppe

ZUTATEN

- **1 kg Blumenkohl**
- **800 ml Geemüsebrühe**
- **40 g Cashewkerne**
- **2 EL Zitronensaft**
- **2 Prisen Muskat**
- **Salz und schwarzer Pfeffer**
- **Topping: Radieschen und Petersilie**

1. Den Blumenkohl in Röschen trennen und in der Gemüsebrühe 10 Minuten köcheln lassen.
2. Wenn der Blumenkohl weich ist, gibst du ihn mit der Brühe und den Cashewnüssen in den Mixer. Nach dem Pürieren gibst du die Gewürze hinzu, den Zitronensaft und frisch geriebene Muskatnuss. Mit Salz und Pfeffer abschmecken. Ich habe von beidem eine gute Prise genommen.
3. Wenn du die cremige Blumenkohlsuppe abgeschmeckt hast, füll sie in kleine Schüsseln um und garniere sie mit Radieschen und Petersilie.

Menü 10

ZUM VERFEINERN DER SUPPE KÖNNT IHR AUCH CROUTONS AUS BROT ODER BRÖTCHEN IN DER PFANNE ANBRATEN.

Ein Rezept von:

PATRICK DAMM & ANNA KNETSCH
ZEITFUERVEGAN.DE

"IM HERBST UND WINTER KOMMEN BEI UNS OFT LECKERE AUFLÄUFE AUF DEN TISCH. SIE SIND IN DER REGEL SCHNELL GEMACHT UND SCHÖN HEISS UND LECKER DEFTIG. WAS GIBT ES BESSERES UM SICH NACH DEM WEIHNACHTS-SPAZIERGANG VON INNEN AUFZUWÄRMEN."

Kartoffel-Sauerkraut-Auflauf

ZUTATEN

- **3 große Kartoffeln**
- **800 g Sauerkraut**
- **1 kleiner Apfel**
- **1 EL Olivenöl**
- **1 EL Bio Kokosöl**
- **Etwas Fett für die Auflaufform (z.B. Margarine)**
- **2 Knoblauchzehen**
- **Je 1 TL Pfeffer, Salz und Koriander**
- **Etwas Pfeffer, Salz und Koriander extra**
- **1 TL Paprika edelsüß**
- **1 TL Curry**

Hefeschmelz

- **1 TL Senf**
- **250 ml Wasser**
- **120 g Pflanzenbutter**
- **8 EL Hefeflocken**
- **3 EL Weizenmehl 550**
- **2 TL Senf**
- **Salz, Pfeffer**

1 Die Kartoffeln schälen und in hauchdünne Scheiben schneiden. Am besten auf einer Reibe. Den Apfel in kleine Stücke schneiden und die Knoblauchzehen auspressen. Das Sauerkraut in einem Sieb abtropfen lassen.

2 Die Knoblauchzehen und den Apfel mit dem Kokosöl in einer Pfanne anbraten. Dann das Sauerkraut hinzugeben. Mit einer Prise Salz, Pfeffer und Koriander würzen. Das Ganze ca. 5 Minuten anbraten.

3 Die Auflaufform einfetten und die Sauerkrautmasse einfüllen. Den Backofen auf 180°C vorheizen.

4 Die Kartoffeln am besten in einer Rührschüssel mit den restlichen Gewürzen und dem Olivenöl gut vermengen. Die Kartoffeln dann auf dem Sauerkraut verteilen. Mit der Hand die Masse in der Auflaufform festdrücken.

5 Als letzte Schicht den Hefeschmelz auf den Kartoffeln verteilen. Der Auflauf braucht 50 Minuten im Backofen. Für die letzten 10 Minuten würden wir den Auflauf abdecken. Damit der Hefeschmelz nicht zu dunkel wird.

6 **Hefeschmelz**
Die Butter in einem Topf bei mittlerer Hitze schmelzen lassen. Das Mehl hinzufügen, bis eine homogene Masse entsteht. Das Wasser sowie den Senf und die Hefeflocken hinzufügen und nochmal alles ordentlich vermengen. Abschließend mit Salz und Pfeffer abschmecken.

Ein Rezept von:

PATRICK DAMM & ANNA KNETSCH

ZEITFUERVEGAN.DE

Chiapudding mit Zimt und Kurkuma

ZUTATEN

- **80 g Chiasamen**
- **500 ml Vanille-Sojamilch**
- **1 Banane**
- **1/2 TL Kurkuma**
- **1/2 TL Zimt**

1 Die Chiasamen zusammen mit Zimt und Kurkuma in die Milch einrühren. Wenn du alles gut miteinander vermischt hast, kannst du die Masse in Gläser oder Schalen umfüllen.

2 Wichtig ist, in der ersten Viertelstunde immer mal wieder umzurühren, damit sich die Chiasamen nicht am Boden festsetzen.

3 Nach der Viertelstunde kannst du beobachten, dass die Milch zwar noch flüssig ist bzw. die Chiasamen noch nicht komplett aufgequollen sind, sie aber nicht mehr auf den Grund absinken.

4 Den Chiapudding jetzt in den Kühlschrank stellen. Am besten abends vorbereiten und am nächsten Tag genießen. Der Pudding braucht ein paar Stunden, um richtig fest zu werden.

5 Zum Schluss kommt die Banane kleingeschnitten als Topping oben drauf.

“ WIR HABEN UNSEREN CHIAPUDDING DER WEIHNACHTSZEIT ANGEPASST UND MIT ZIMT, VANILLE UND KURKUMA VERFEINERT. ER LÄSST SICH – GERADE FÜR WEIHNACHTEN – SUPER AM VORTAG VORBEREITEN. ”

Ein Rezept von:

DANIELA HUBAUER

CUTIEKULLA.COM

LEBKUCHEN GEHÖREN FÜR MICH ZUR WEIHNACHTSZEIT EINFACH DAZU. AUS DEM TRADITIONSGEBÄCK WURDEN DESWEGEN ALLSEITS BELIEBTE CUPCAKES. BEI DER WAHL DER TOPPINGS SIND DER FANTASIE KEINE GRENZEN GESETZT. WARUM NICHT NOCH MIT SCHOKOLADENRASPELN, VERSCHIEDENEN ZUCKERSTREUSELN ODER KLEINEN FONDANTKUNSTWERKEN VERZIEREN?

Lebkuchen-Cupcakes

ZUTATEN

Für den Teig:

- **70 g Lebkuchen (z.B. Herz-Stern-Brezel mit Zartbitter-schokolade)**
- **150 g Zucker**
- **85 g neutrales Öl**
- **75 ml Mandeldrink**
- **150 g Apfelmus**
- **1 TL Apfelessig**
- **1 Prise Salz**
- **125 g Mehl**
- **150 g gemahlene Nüsse (z.B. Mandeln oder Hasel-nüsse)**
- **25 g Kakao**
- **1 TL Lebkuchengewürz**
- **1 TL Natron**

Für das Schoko-Lebkuchen-Frosting:

- **300 ml Mandeldrink**
- **4 EL Zucker**
- **4 EL Schokopuddingpulver**
- **150 g feste Margarine (im Block)**
- **2 TL Lebkuchengewürz**

Für die Deko:

- **70 g Lebkuchen**
- **40 g Zartbitterschokolade**
- **15 g Kokosöl**

1 Backofen auf 180°C Ober-/Unterhitze vorheizen. Die Lebkuchen würfeln und zur Seite legen. Zucker, Öl, Mandeldrink, Apfelmus, Apfelessig und Salz miteinander aufschlagen, bis sich alle Zutaten verbunden haben. Mehl, Nüsse, Kakao, Gewürz und Natron kurz miteinander vermengen und unter die restliche Masse rühren.

2 Den Teig in die mit Förmchen ausgelegten Muffinbackbleche füllen, die Lebkuchenwürfel gleichmäßig darauf verteilen und leicht andrücken. Anschließend auf mittlerer Schiene ca. 20 – 25 Minuten backen, die Stäbchenprobe zur Teigkontrolle machen und abkühlen lassen.

3 Für das Frosting die Margarine aus dem Kühlschrank nehmen. Aus Mandeldrink, Puddingpulver und Zucker einen Pudding zubereiten. Hierfür das Puddingpulver mit einem kleinen Anteil des Mandeldrinks auflösen. Den restlichen Mandeldrink mit dem Zucker und 1 TL Lebkuchengewürz aufkochen. Wenn der Mandeldrink kocht, das aufgelöste Puddingpulver unterrühren. Den Schokopudding eine Minute unter ständigem Rühren köcheln lassen, dann in eine Schale umfüllen, mit Klarsichtfolie bedecken, sodass die Folie direkt auf der Puddingoberfläche aufliegt und ebenfalls auf Raumtemperatur abkühlen lassen.

4 Wenn alle Zutaten Zimmertemperatur erreicht haben, die Margarine mit Puderzucker aufschlagen, bis sie rein weiß und schaumig ist, dann das restliche Lebkuchengewürz und schließlich esslöffelweise den Pudding unterrühren. Sollte das Frosting etwas weich sein, ca. 30 Minuten im Kühlschrank fester werden lassen.

5 Jetzt die Creme mit Hilfe eines Spritzbeutels und einer großen Sterntülle in kreisenden Bewegungen auftragen. Die Lebkuchen grob würfeln und auf den Cupcakes verteilen. Für die Schokoladenganache die Zartbitterschokolade mit Kokosöl verflüssigen und über die Cupcakes geben.

Ein Rezept von:

JULIA HUPEL
DERVEGISTDASZIEL.DE

„DIESES REZEPT HABE ICH GEWÄHLT, WEIL ES UNGLAUBLICH SCHWER IST, EIN TIRAMISU IN VEGAN, GLUTENFREI UND BIO HERZUSTELLEN. ICH FREUE MICH, DIESES GESCHMACKSERLEBNIS NUN MIT DIESEM REZEPT EINER BREITEREN MASSE VERFÜGBAR MACHEN ZU KÖNNEN UND HOFFE, DASS ES VIELE MENSCHEN ERFREUT. EINS DARF ICH NOCH VERRATEN: ES WURDE SOGAR VON EINEM ITALIENER PROBIERT UND FÜR GUT BEFUNDEN!“

Glutenfreies Tiramisu

ZUTATEN

Für den Biskuitteig:

- **220 g glutenfreier Mehlmix Kuchen von Bauckhof**
- **190 g Agavendicksaft**
- **2 TL Backpulver**
- **8 g Vanillezucker**
- **200 ml Wasser**
- **2 TL Natron**
- **1 TL Apfelessig**
- **1 TL geröstetes Mandelöl**

Für die cremige Masse:

- **500 g Cashewkerne (mind. 5 Stunden einweichen)**
- **6 EL Amaretto**
- **200 – 250 ml Reismilch**
- **8 EL Ahornsirup**
- **2 EL gekochter Kaffee**

Weiterhin:

- **120 ml gekochter Kaffee**
- **80 ml Amaretto**
- **5 EL Kakaopulver**

1. Die Cashewkerne mindestens 5 Stunden einweichen.
2. **Den Biskuitteig vorbereiten:** Das glutenfreie Mehl, Backpulver sowie Vanillezucker miteinander vermischen. Anschließend den Agavendicksaft hinzugeben und gut verrühren.
3. Natron und Apfelessig zusammen mit dem Wasser vermischen und nach und nach mit einem Handrührgerät in die Masse mischen. Das geröstete Mandelöl ebenfalls untermischen bis der Teig angenehm dickflüssig ist.
4. Nun auf ein mit Recycling-Backpapier ausgelegtes Backblech verteilen (hier ist es nicht schlimm, wenn nicht alle Ecken ausgefüllt sind, sondern die Masse lieber komprimierter ist) und bei 180°C für ca. 10 Minuten (oder weniger) im Ofen backen. Sobald er zart goldbraun ist, kann er aus dem Ofen genommen werden.
5. Den Kaffee kochen und in eine breitere Tasse füllen, den Amaretto hinzugeben.
6. **Die cremige Masse zubereiten:** Das Wasser der eingeweichten Cashewkerne abgießen. Die Cashewkerne gemeinsam mit den anderen Zutaten für die cremige Masse in einen Hochleistungsmixer geben und gut miteinander vermischen bis die Masse wirklich sehr cremig ist und keine Krümel mehr aufweist.
7. Den Biskuitteig in ca. 3 cm breite Stücke so zurechtschneiden, dass diese in die ausgesuchte Form passen (20 × 25 cm oder zwei kleinere Formen). Den Boden der Form mit dem Biskuitteig auslegen. Den Kaffee in der Tasse mit 80 ml Amaretto vermischen und mit einem Esslöffel vorsichtig auf den Teig geben.
8. Danach eine Schicht der cremigen Cashewmasse darübergeben und diese mit einer weiteren Schicht Biskuitboden belegen. Nochmals eine weitere Créme-Schicht darauf geben und für 1 – 2 Stunden im Kühlschrank abkühlen lassen. Kurz vor dem Servieren eine Schicht Kakaopulver darüber sieben.

Ein Rezept von:

DANIELA BARTHEL

GLUECKSGENUSS.DE

Original Ischler Plätzchen

ZUTATEN
FÜR 30 STÜCK

- **200 g Mehl**
- **100 g gemahlene Mandeln**
- **100 g Zucker**
- **180 g vegane Margarine (z.B. Alsan)**
- **1 Prise Salz**
- **200 g Aprikosenmarmelade (ohne Stückchen)**
- **200 g Zartbitterschokolade**
- **40 g gehackte Pistazien**

1 In einer großen Schüssel Mehl, Mandeln, Zucker und das Salz miteinander vermengen. Die kalte Butter nach und nach unterkneten bis ein kompakter Teig entsteht.

2 Den Teig in Frischhaltefolie wickeln und für eine Stunde im Kühlschrank ruhen lassen.

3 Etwas Mehl auf eine Arbeitsfläche geben und den Teig portionsweise darauf ausrollen. Mit einem runden Förmchen Kreise ausstechen. Im vorgeheizten Backofen (175°C Ober-/Unterhitze) für 10 Minuten golden backen. Gut abkühlen lassen!

4 Die Schokolade über dem Wasserbad schmelzen und die Hälfte der Plätzchen mit Schokolade überziehen und den Pistazien bestreuen.

5 Nun werden die Plätzchen mit je einem Teelöffel Aprikosenmarmelade gefüllt. Dazu ein Plätzchen mit der Marmelade bestreichen und eines mit Schokoladenüberzug daraufsetzen.

6 Die Plätzchen in einer luftdichten Dose aufbewahren und genießen!

“DIESES REZEPT IST EIN KLASSIKER IN UNSERER FAMILIE, WELCHES ICH BEREITS ALS KIND MIT MEINER OMA GEBACKEN HABE. SCHÖN SAFTIG, SCHOKOLADIG UND WUNDERBAR WEIHNACHTLICH.”

Ein Rezept von:

DENIZ KILIC
HEALTHYONGREEN.DE

„DIESER SCHOKOKUCHEN MIT SÜSSKARTOFFEL-BANANEN-CREME IST EIN FEINSCHMECKER-KUCHEN DER BESONDEREN ART UND DER PERFEKTE ABSCHLUSS EINES GELUNGENEN MENÜS. DER SCHOKOLADENTEIG IN KOMBINATION MIT DER FEINEN CREME UND DEM LECKEREN TOPPING SORGEN FÜR HÖCHSTEN GENUSS – AUCH FÜR DAS AUGE WAHRLICH EIN SCHMAUS. PROBIERT DIESES MEISTERSTÜCK AUS, EURE GÄSTE WERDEN ES LIEBEN!“

Schokokuchen

MIT SÜSSKARTOFFEL-BANANEN-CREME

ZUTATEN

Kuchenboden :

- **350 g Weizenmehl**
- **150 g Zucker**
- **1 EL Johannisbrotkernmehl**
- **1 Packung Backpulver**
- **1 Packung Vanillin oder Bourbon Vanille**
- **50 g Kakaopulver**
- **400 ml Haferdrink**
- **150 ml Rapsöl**
- **Geriebene Orangenschalen**

Creme:

- **300 g vegane Schlagcreme**
- **250 g Süßkartoffeln geschält und grob gewürfelt**
- **1 Packung Vanillin oder Bourbon Vanille**
- **1 reife Banane**
- **5 EL Agavensirup**
- **Einen Spritzer Zitronensaft**

Topping:

- **150 g vegane Toffes**
- **Veganer Schoko- oder Karamellaufstrich nach Wahl**
- **Etwas Zartbitterschokolade, im Wasserbad geschmolzen**
- **Gehackte Walnüsse**

Außerdem

- **Eine Springform mit 16 cm Durchmesser (mit höherem Rand)**

1 Für den Teig alle Zutaten nacheinander in eine Schüssel geben und zu einem gleichmäßigen Teig verrühren. Kuchenform einfetten, mit dem Teig füllen und glattstreichen. Im vorgeheizten Backofen bei 175°C Ober- und Unterhitze circa 80 Minuten lang backen (Stäbchenprobe nicht vergessen). Nach etwa 45 Minuten den Schokokuchen mit Folie bedecken, damit sich der Kuchen nicht zu dunkel färbt. Den Kuchen aus dem Ofen nehmen und komplett abkühlen lassen. Den Kuchen mit einem großen scharfen Messer oder Tortenmesser vorsichtig halbieren.

2 Süßkartoffeln mit ausreichend Wasser gar kochen und absieben. Anschließend in einem Mixer mit den restlichen Zutaten zu einer Masse pürieren. Das Süßkartoffelpüree in eine Schüssel geben und auskühlen lassen. Vegane Schlagsahne in einer separaten Schüssel aufschlagen. Süßkartoffelpüree dazugeben und unterheben.

3 Circa die Hälfte der Creme auf den Kuchenboden verteilen. Anschließend die andere Kuchenhälfte darauf legen. Mit der restlichen Creme toppen und wenn man mag, auch rundherum verteilen (falls etwas Creme übrig bleibt, einfach so essen oder für ein Dessert weiter verwenden). Den Kuchen für 1 bis 2 Stunden in den Kühlschrank stellen.

4 Die veganen Toffees in Stücke schneiden. Veganen Aufstrich und Zartbitterschokolade in separaten Wasserbädern schmelzen lassen. Die Toffees auf den Kuchen verteilen und flüssigen Aufstrich und Schokolade darauf verteilen. Mit den gehackten Walnüssen toppen. Nochmals den Schokokuchen circa 2 Stunden, oder bis die gewünschte Konsistenz erreicht ist, in den Kühlschrank stellen. Schokokuchen mit Süßkartoffel-Bananen-Creme in Stücke schneiden und sofort servieren.

Ein Rezept von:

SOFIA KONSTANTINIDOU
ISSHAPPY.DE

Rohe Brownie-Häppchen

ZUTATEN FÜR 10 – 12 HÄPPCHEN

Brownies:

- **15 eingeweichte Datteln**
- **3 – 5 EL Kakaopulver**
- **120 g eingeweichte Nüsse oder Kerne nach Wahl, z.B. Mandeln oder Buchweizen**
- **Ca. 100 ml Einweichwasser der Datteln**
- **2 TL Dattelpüree zum Süßen**
- **Weihnachtliche Gewürze nach Wahl, z.B. Zimt, gemahlene Vanille, Lebkuchen- und/oder Spekulatiusgewürz**

Glasur:

- **2 EL flüssiges Kokosöl**
- **1 EL Kakaopulver**
- **1 EL Süßungsmittel, z.B. Dattelpüree oder -sirup**

1 Die eingeweichten Datteln, Mandeln bzw. Buchweizenkörner, Kakaopulver und Gewürze in einem Zerkleinerer pürieren und schluckweise Einweichwasser der Datteln hinzugeben (nicht zu viel), bis eine feste zusammenklebende Konsistenz entsteht.

2 Mit Gewürzen abschmecken und Masse in ein rechteckiges Gefäß, z.B. eine Auflaufform oder Tupperbox pressen.

3 Für die Glasur flüssiges Kokosöl, Kakaopulver und Süßungsmittel in einer Schüssel vermengen und über den Brownieteig geben.

4 2 Stunden ins Gefrierfach stellen und dann mit einem Küchenmesser kleine Häppchen schneiden.

“

AUCH AN WEIHNACHTEN GEHT NASCHEN VEGAN UND GESUND! STATT HERKÖMMLICHE LEBKUCHEN AUS DEM HANDEL ZU KAUFEN, KANNST DU SCHNELL UND EINFACH DEINE EIGENEN ROHKÖSTLICHEN BROWNIE HÄPPCHEN ZAUBERN. MIT LEBKUCHEN- ODER SPEKULATIUSGEWÜRZ UND ZIMT ERGEBEN SIE DIE PERFEKTE GESUNDE WEIHNACHTSNASCHEREI. DAS LECKERE DESSERT IST MIT NUR EINER HANDVOLL SIMPLER ZUTATEN IN WENIGEN SCHRITTEN GEZAUBERT.

”

Ein Rezept von:

KATHARINA KUHLMANN

KATHARINA-KUHLMANN.COM

Mandel-Spekulatius-Sahne-Torte

ZUTATEN
TORTENFORM
Ø 18 CM | 10 CM HÖHE

Für die Creme:

- **800 ml Mandelmilch**
- **3 Packungen Vanille-puddingpulver**
- **5 EL Zucker**
- **300 ml vegane Sahne**
- **75 g gehackte Mandeln**

Sonstiges:

- **150 g Spekulatiuskekse für den Boden**
- **5 Spekulatiuskekse für die Mittelschicht**
- **8 ganze Kekse für die Umrandung**
- **2 EL Margarine**
- **Mandelsplitter fürs Topping**

1 Als Erstes rühren wir die 3 Packungen Vanillepuddingpulver mit dem Zucker in 100 ml kalte Mandelmilch ein. Die restlichen 700 ml Mandelmilch aufkochen lassen und unterrühren. Frischhaltefolie direkt auf den Pudding legen (so bildet sich keine Haut) und abkühlen lassen. **Wichtig: Der Pudding wird extra so dick angerührt, damit die Torte später nicht zerläuft.**

2 150 g Spekulatiuskekse in einen Gefrierbeutel geben und verschließen. Mit einem Nudelholz die Kekse schön fein zerhacken. Die Margarine im Topf schmelzen und mit den Spekulatiuskrümeln vermengen und von Hand in eine mit Backpapier ausgelegte Tortenform drücken.

3 Die vegane Sahne aufschlagen und unter den abgekühlten Pudding rühren. Die gehackten Mandeln ebenfalls unterheben und die Hälfte der Pudding-Sahne-Masse auf dem Keksboden verteilen. Nun 5 Spekulatiuskekse brechen und als mittlere Schicht auf die Pudding-Sahne-Masse geben. Die restliche Masse verteilen und für 20 Minuten ins Gefrierfach stellen.

4 Die Torte aus der Form lösen und mit Spekulatiuskeksen und Mandelsplittern verzieren.

5 Nach dem Anschneiden unbedingt kühl stellen.

Fotos: Matthias Reiser

Ein Rezept von:

KATHARINA KUHLMANN

KATHARINA-KUHLMANN.COM

Gebackener Weihnachtsbaumschmuck

Zutaten

- **60 g Maisstärke**
- **120 g Backpulver**
- **85 ml Wasser**

1 Alle Zutaten im Topf erhitzen und cremig rühren. Wenn der Teig dick und fest wird, kurz abkühlen lassen. Anschließend zwischen zwei Backpapieren ausrollen und nach Herzenslust Motive ausstechen. Mit einem Holzstäbchen Löcher für den Bindfaden eindrücken. Runde Kekse eigenen sich ideal um sie mit einem weihnachtlichen Keksstempel zu verzieren.

2 Auf einem Backpapier bei 80°C Ober-und Unterhitze auf mittlerer Schiene 60 min backen. Nach 30 min die Kekse wenden. Nach der Backzeit die Kekse auf dem Blech aus dem Ofen holen und abkühlen lassen.

3 Wer sie glänzend haben möchte, kann die Kekse auch noch mit Haarspray oder Glitzerlack besprühen.

Fotos: Matthias Reiser

Ein Rezept von:

JANA NÖRENBERG
NOM-NOMS.DE

DIESE SAFTIGEN SPEKULATIUS-BROWNIES MIT GLÜHWEIN-KIRSCHEN SIND PERFEKT, UM EIN TOLLES ESSEN MIT FAMILIE UND FREUNDEN ABZUSCHLIESSEN. DIE BROWNIES SIND SCHNELL VORBEREITET UND AUCH DIE KIRSCHEN MACHEN WENIG AUFWAND – DA BLEIBT MEHR ZEIT FÜR DIE LIEBSTEN.

Spekulatius-Brownies mit Glühwein-Kirschen

SPEKULATIUS-BROWNIES:

- **200 g Zucker**
- **50 g Kakaopulver**
- **1 Packung Vanillezucker**
- **1/2 TL Spekulatius-Gewürz**
- **200 g Mehl**
- **200 g Schokolade, mind. 70%**
- **100 g Apfelmus**
- **100 ml Sonnenblumenöl**
- **200 ml Sojamilch (oder eine andere)**
- **100 g Schokoladen-Chips, zartbitter**
- **150 g Spekulatius**

1. Den Backofen auf 180°C Umluft vorheizen. Eine eckige Form von ca. 30 x 25 cm einfetten und mit Mehl ausklopfen.
2. Erst einmal alle trockenen Zutaten in einer Schüssel vermischen. Die Schokolade in einem Wasserbad schmelzen. Etwas abkühlen lassen.
3. Anschließend das Apfelmus, die Sojamilch, das Sonnenblumenöl und die geschmolzene Schokolade zu den trocknen Zutaten geben und alles gut vermischen.
4. Die Spekulatius grob zerbröseln. Die Hälfte unter den Teig heben. Dann alles gleichmäßig in die Form geben. Die restlichen Spekulatius und die Schokoladen-Chips darauf verteilen.
5. Die Brownies für ca. 25 Minuten im Backofen backen (kann je nach Dicke variieren).

GLÜHWEIN-KIRSCHEN:

- **1 Glas Sauerkirschen**
- **300 ml Rotwein**
- **100 ml vom Sauerkirschsaft (Glas)**
- **50 g brauner Zucker**
- **2 Zimtstangen**
- **½ Vanille-Schote, ausgekratzt**
- **1 Teebeutel Glühwein-Gewürz**
- **2 EL Speisestärke**

1. Die Vanilleschote längs aufschneiden und auskratzen.
2. Den Sauerkirschsaft zusammen mit dem Rotwein und Zucker aufkochen, dann den Glühwein-Teebeutel und die Zimtstangen hingeben und alles auf 300 ml einköcheln lassen (dauert ca. 20 – 30 Minuten). Die Zimtstangen und den Teebeutel entfernen.
3. Dann alles mit der angerührten Speisestärke leicht binden (diese vorher in etwas Saft auflösen, dann gibt es keine Klumpen).
4. Die Kirschen unterheben und etwas sitzen lassen. Am besten warm zu den Spekulatius-Brownies servieren!

Ein Rezept von:

STEPHANIE REINICKE
PLANTIFULSKIES.COM

"DIE VEGANE LEBKUCHENMOUSSE IST MEIN WEIHNACHTLICHES LIEBLINGSREZEPT, WEIL ES LEICHT UND GLEICHZEITIG WUNDERBAR SCHOKOLADIG IST. WER DAS LEBKUCHENGEWÜRZ DURCH VANILLE UND EVENTUELL NOCH ETWAS ZIMT ERSETZT, KANN DIE MOUSSE DAS GANZE JAHR ÜBER ALS CREMIG, FEINES DESSERT GENIESSEN."

Lebkuchenmousse

MIT KARAMELLISIERTEN ROTWEINNÜSSEN

ZUTATEN
FÜR 3 – 4 PORTIONEN

Lebkuchemousse

- **150 ml Aquafaba (Kichererbsenwasser)**
- **1 TL Weinstein (NICHT Weinsteinbackpulver!), kann weggelassen werden, sorgt aber für besseren Stand**
- **1 TL Weißweinessig**
- **200 g vegane Schokolade, Kuvertüre geht auch**
- **1 – 2 TL Lebkuchengewürz**
- **1 TL Vanille Extrakt**
- **Je nach Süße deiner verwendeten Schokolade evtl. 2 EL Puderzucker**

Rotweinnüsse

- **50 g Walnüsse, geviertelt**
- **100 ml Rotwein**
- **50 ml Ahornsirup**
- **2 Sternanis**
- **1 Zimtstange**

Um die Mousse aufzuschlagen ist eine Küchenmaschine ideal. Ein Handmixer geht auch, erfordert aber unheimlich viel Geduld.

1 **Um die Mousse zuzubereiten** gibst du das Kichererbsenwasser zusammen mit dem Essig und dem Weinstein in die saubere, trockene Schüssel deiner Küchenmaschine. Alles zusammen schlägst du nun auf höchster Stufe für ca. 5 Minuten auf und gibst dann optional den Puderzucker hinzu. Da ich Zartbitterschokolade verwende, nehme ich den Puderzucker hinzu. Das Aquafaba nun mindestens weitere 5 Minuten aufschlagen. Es ist fertig, wenn es schön steif wie Eischnee ist.

2 In der Zwischenzeit lässt du die Schokolade sanft im Wasserbad schmelzen und gibst dann das Lebkuchengewürz hinzu. Je nach Geschmack und wie intensiv dein Gewürz ist, verwendest du 1 – 2 Teelöffel. Denk daran, dass die Schokolade im warmen Zustand intensiver schmeckt als nachher gekühlt.

3 Gib außerdem das Vanilleextrakt zur Schokolade, verrühre alles gut und stelle die Schokolade beiseite, damit sie etwas abkühlen kann. Wenn sie zu warm in das aufgeschlagene Kichererbsenwasser gegeben wird, riskierst du, dass alles in sich zusammenfällt. Ich stelle die Schokolade einfach in ein kühles Wasserbad und rühre sie 1 – 2 Minuten gut durch, um sie herunterzukühlen. Dann kannst du die Schokolade vorsichtig unter das aufgeschlagene Kichererbsenwasser heben. Bitte nicht zu stark rühren, sonst fällt alles in sich zusammen. Die Masse in 4 Schälchen füllen und kalt stellen.

4 **Für die Rotweinnüsse** gibst du 100 ml Rotwein und 50 ml Ahornsirup in einen weiten Topf. Gib die Zimtstange und die Sternanis hinzu und lasse alles zusammen bei mittlerer Hitze einreduzieren. Wenn die Flüsigkeit ca. um die Hälfte reduziert ist, nimm die Sternanis heraus und gib die vorher geviertelten Walnüsse hinzu. Die Zimtstange kann bis zum Schluss im Topf bleiben. Lass nun die Walnüsse in der Flüssigkeit solange köcheln bis nur noch ein dicker Sirup verblieben ist.

5 Ab dann heißt es rühren und aufpassen! Der Sirup soll nicht verbrennen, aber so gut es geht einkochen. Also immer schön rühren! Wenn der Sirup komplett verkocht ist, die Nüsse herausnehmen und auf einem Stück Backpapier nebeneinander ausbreiten um sie auskühlen zu lassen. Zum Servieren gibst du dann einfach auf jede Portion einige Nüsse.

Ein Rezept von:

SOPHIA HOFFMANN

SOPHIAHOFFMANN.COM

Saftige Haselnuss-Lebkuchen

ZUTATEN

- **200 g Haselnüsse**
- **100 g Datteln**
- **100 g Zitronat**
- **100 g Marzipanrohmasse**
- **1 TL Zimt**
- **1 TL Lebkuchengewürz**
- **200 g dunkle Kuvertüre**
- **40 Oblaten, Ø 5 cm**

1. Den Backofen auf 180°C Ober/Unterhitze vorheizen.
2. Die Haselnüsse auf einem Backblech verteilen und im Ofen 5 – 7 Minuten rösten, bis sie anfangen zu duften. Ein paar Nüsse zur Dekoration aufheben und halbieren.
3. Die Datteln mit warmem Wasser übergießen und für mindestens 10 Minuten einweichen.
4. Die Haselnüsse zusammen mit den abgegossenen Datteln und dem Zitronat in einem Mixer/einer Küchenmaschine zu einer sämigen Masse zerkleinern.
5. Diese in eine Schüssel geben, Marzipan dazu krümeln und zusammen mit den Gewürzen verkneten.
6. Die Masse auf kleinen Oblaten oder – als glutenfreie Option – auf einer Silikonbackmatte/Backpapier verteilen und flach drücken.
7. Im Backofen bei 180°C 20 – 25 Minuten backen, bis sie außen hart sind, sich aber in der Mittel noch leicht eindrücken lassen. Dann sind sie innen noch saftig.
8. Abkühlen lassen. Kuvertüre im Wasserbad schmelzen und Lebkuchen damit überziehen. Mit Nusshälften verzieren.

“ SAFTIGE HASELNUSS-LEBKUCHEN, DIE KOMPLETT OHNE MEHL AUSKOMMEN! MAN KANN SIE AUCH OHNE OBLATEN AUF EINER SILIKON-BACKMATTE ZUBEREITEN, DANN SIND SIE TUTTO COMPLETTO GLUTENFREI ”

Ein Rezept von:

SOPHIA HOFFMANN
SOPHIAHOFFMANN.COM

Matcha-Chia-Weihnachtsbäume

ZUTATEN

- 250 g Weizen- oder Dinkelmehl
- 1½ TL Backpulver
- 2 EL (Back)Matchapulver
- 50 g Davert Chiasamen
- 75 g Zucker
- 2 EL Sojamehl, verrührt mit 4 EL Wasser
- 125 g Pflanzenmargarine

Zuckerguss & Deko:

- 100 g Puderzucker
- 1 EL (Back)Matchapulver
- 4 TL Zitronensaft oder Wasser
- Rote Zuckerperlen oder getrocknete Cranberries/ Gojibeeren/ Erdbeerstückchen
- Kleine Sterne aus Goldpapier

1 Den Backofen auf 180°C Ober/Unterhitze vorheizen.

2 Das Mehl in eine Schüssel geben, mit Backpulver, 2 EL des Matchapulvers, Zucker, Chiasamen und Sojamehlcreme vermischen und die Margarine hineinstückeln. Alle Zutaten mit Hilfe einer Küchenmaschine oder kräftiger Hände verkneten.

3 Den Teig in 6 gleich große Stücke teilen. Jedes Stück wiederum in drei unterschiedlich große Stücke teilen und diese zu Talern flach drücken. 10 – 15 Minuten backen. Abkühlen lassen.

4 Aus Puderzucker, Matchapulver und Zitronensaft den Zuckerguss anrühren und die jeweils drei Baumetagen damit aufeinander kleben.

5 Mit Zuckerperlen/ Roten Früchten und Goldsternen verzieren!

OH CHIA-BAUM, OH CHIA-BAUM, WIE GRÜN SIND DEINE BLÄTTER... SIND SIE NICHT SÜSS, DIE KLEINEN KNUSPRIGEN GRÜNEN BÄUMCHEN, GEFÄRBT MIT MATCHA UND ANGEREICHERT MIT CHIASAMEN. GEFRIERGETROCKNETE CRANBERRIES DIENEN ALS CHRISTBAUMKUGELN.

Ein Rezept von:

ELENA & CHAROLINE BAUER

THE-EC-WAY.DE

Spekulatius-Bratapfel-Cheesecake

ZUTATEN

Für den Boden:

- **300 g veganer Spekulatius**
- **130 g Margarine**
- **1 Prise Salz**

Zwischenschicht:

- **2 mittelgroße Äpfel**

Für die Füllung:

- **350 g Cashews**
- **200 ml Mandelmilch**
- **130 ml Kokosöl**
- **130 ml Agavendicksaft**
- **Prise Salz**
- **Saft einer Zitrone**

Topping:

- **Spekulatiuskrümel, Dominosteine oder Schokosoße**

1 Spekulationsplätzchen fein zerkrümeln und die Margarine schmelzen. Krümel und Margarine gründlich vermengen und gleichmäßig auf dem Boden einer Springform verteilen und festdrücken.

2 Fertigen Boden im Gefrierfach oder Kühlschrank parken, bis die Cheesecake-Masse fertig ist.

3 Äpfel in dünne Scheiben schneiden, auf einem mit Backpapier bestückten Backblech auslegen und mit etwas Zimt und Zucker bestäuben. Anschließend bei 200°C Umluft im Ofen kurz (ca. 10 Minuten) angaren.

4 Die angegarten Apfelscheiben aus dem Backofen nehmen, auf Küchenpapier auslegen, mit einer zweiten Lage Küchenpapier bedecken und überschüssige Flüssigkeit abtupfen.

5 Alle Zutaten für die Cheesecake-Creme in den Mixer geben und zu einer feinen Masse ohne Klümpchen verarbeiten. Wahlweise kann die Creme auch mit einem Stabmixer püriert werden. Wichtig ist, dass die Creme wirklich absolut cremig ist.

6 Spekulatiusboden aus dem Kühlschrank nehmen und die Apfelscheiben gleichmäßig darauf verteilen. Anschließend die Cheesecake-Creme darauf verteilen und glatt streichen.

7 Den fertigen Spekulatius-Bratapfel-Cheesecake noch einmal für 1 bis 2 Stunden ins Gefrierfach stellen. Eine Stunde vor dem Servieren aus dem Gefrierfach in den Kühlschrank stellen und dann kühl servieren. Vorsichtig – nicht gefroren servieren! Wer kein Gefrierfach hat, kann den Cheesecake auch über Nacht im Kühlschrank ruhen lassen, um die Creme zu stabilisieren.

8 Den Cheesecake vor dem Servieren mit zerkrümelten Spekulatius, Schokosoße oder Dominosteinscheiben verzieren.

Ein Rezept von:
DIRK KINDERKE & RUTH FRANZEN
WELOVEITVEGAN.COM

Bratapfel-Crumble

ZUTATEN FÜR 4 PERSONEN

Bratapfelmasse:

- **2 Äpfel**
- **1 EL vegane Margarine (z.B. Alsan)**
- **3 EL Rosinen**
- **3 EL Mandeln**
- **1 Tl Zimt**
- **1 TL Zucker**
- **Etwas Zitronensaft**

Streusel:

- **40 g Mehl**
- **20 g vegane Margarine (z.B. Alsan)**
- **15 g Zucker**
- **1 Pk. Vanillezucker**
- **1 Prise Salz**
- **Puderzucker**

1 Die Äpfel schälen und in kleine Würfel schneiden. In der Zwischenzeit die vegane Margarine in einem Topf schmelzen lassen, den Zucker hinzugeben und auflösen lassen. Die Apfelstücke mit den restlichen Zutaten für die Bratapfelmasse hinzugeben und kurz im Topf erhitzen.

2 Bratapfelmasse in eine große oder vier kleine feuerfeste Dessertform(en) geben.

3 Mehl, weiche Margarine, Zucker, Vanillezucker und Salz mit dem Knethaken des Handmixers vermengen und mit den Fingern zu Streuseln verkneten.

4 Streusel auf dem Obst verteilen und für ca. 20 Minuten bei 180°C Umluft backen. Zuletzt den Nachtisch mit Puderzucker bestreuen.

5 **Wer möchte, kann dazu auch wunderbar (vegane) Sahne, Vanilleeis oder Vanillesoße servieren.**

"DER BRATAPFEL-CRUMBLE IST SCHNELL GEMACHT UND MAN KANN IHN WUNDERBAR VORBEREITEN. SO BLEIBT MEHR RAUM FÜR DIE WIRKLICH WICHTIGEN DINGE IN DER WEIHNACHTSZEIT: ZEIT MIT SEINEN LIEBEN ZU VERBRINGEN. AUSSERDEM GEHÖRT DER DUFT VON BRATÄPFELN FÜR UNS EINFACH ZUR WINTERZEIT DAZU!"

Ein Rezept von:

SABINE KUGLER
WOSZUMESSN.BLOGSPOT.COM

Knusper-Nougat-Pralinen

ZUTATEN

- **300 g Zartbitterschokolade (Teilen: 50 g + 50 g + 200 g)**
- **50 g Mandeln, gehobelt**
- **50 g Zucker**
- **50 ml Wasser**
- **125 g dunkles Nougat**
- **50 g Schlagcreme (vegane Schlagsahne)**
- **50 g Margarine (z.B. Alsan)**

1. 50 g Zartbitter hacken, überm Wasserbad schmelzen und auf einem Bogen Backpapier ca. 16 x 16 cm ausstreichen, erkalten lassen.
2. Zucker und Wasser in einem kleinen Topf zum Kochen bringen. Köcheln lassen, bis sich die Masse gelb färbt. Mandeln unterheben und unter Rühren ankaramellisieren lassen. Auf einem Bogen Backpapier ausstreichen und erkalten lassen. Dann zu Mandelkrokantstückchen hacken.
3. 50 g Zartbitter hacken. Nougat, Sahne und Butter erhitzen bis es geschmolzen ist. Über die gehackte Schokolade gießen, kurz ziehen lassen und dann verrühren bis sich die Schokolade mit dem Rest vermischt hat. Mandelkrokant unterheben. Abkühlen lassen, bis die Masse etwas fester ist, sich aber noch streichen lässt.
4. Nougatmasse auf der vorbereiteten Schokoladenplatte gleichmäßig verstreichen und kühlstellen.
5. 200 g Zartbitter schmelzen, Knuspernougat in Quader schneiden, in die Schokolade tauchen, überschüssige Schokolade abstreifen und auf Butterbrotpapier absetzen. Abkühlen lassen.

“FÜR EIN SCHÖNES MUSTER AUF DEN PRALINEN MIT DER RÜCKSEITE EINER KUCHENGABEL AUF DIE NOCH FLÜSSIGE SCHOKOLADENOBERFLÄCHE DIPPEN.”